Ian Simpson

Ravensburger Handbuch der Zeichentechniken

Ravensburger Handbuch der Zeichentechniken

Ian Simpson

Die Techniken und Methoden von A bis Z
und eine ausführliche Anleitung zum
Malen der beliebtesten Motive

Otto Maier Ravensburg

CIP-Titelaufnahme der
Deutschen Bibliothek

Simpson, Ian:
Ravensburger Handbuch der Zeichentechniken : die Techniken und Methoden von A bis Z und eine ausführliche Anleitung zum Malen der beliebtesten Motive / Ian Simpson. Aus d. Engl. übers. von Hajo Düchting. - Ravensburg : Maier, 1989
Einheitssacht.: The encyclopedia of drawing techniques ‹dt.›
ISBN 3-473-48340-0

Die Originalausgabe wurde 1987 erstmals unter dem Titel „The Encyclopedia Of Drawing Techniques“ veröffentlicht.

Aus dem Englischen übersetzt von Hajo Düchting
Umschlaggestaltung:
Ekkehard Drechsel
Gesamtherstellung:
Appl, Wemding
Printed in Germany

92 91 90 89 4 3 2 1

ISBN 3-473-48340-0

Inhalt

Lexikalischer Teil

Große Kunst ist immer ein Zusammenspiel von Originalität und hohem technischen Können. Die technische Perfektion ist dabei von der künstlerischen Absicht abhängig, denn durch technisches Geschick allein entsteht noch kein Kunstwerk. Aber das gilt auch andersherum. Die Technik ist in den letzten fünfundzwanzig Jahren allzusehr in den Hintergrund gedrängt worden. Kunststudenten wurden angewiesen, ihre Energie allein auf „Kreativität“ auszurichten und eine künstlerische Sehweise zu entwickeln. Dahinter stand der Gedanke, daß man die Ausdrucksmittel schon von selbst finde, wenn man nur erstmal etwas auszudrücken habe.

In Wirklichkeit ist oft das Gegenteil der Fall. Die Kenntnis einer bestimmten Technik läßt uns erst die bildnerischen Möglichkeiten ermessen, läßt unsere künstlerischen Vorstellungen erst Gestalt annehmen und damit Kunst werden. Mit der Entdeckung neuer Techniken gewinnen wir wiederum einen neuen Blick auf die Dinge. Dieses Buch trifft in eine Zeit, in der technisches Können wieder gefordert wird. Die Beherrschung der Zeichnung, der souveräne Umgang mit den technischen Mitteln und deren Möglichkeiten gehören zum künstlerischen Grundrepertoire. In diesem Zusammenhang wird heute die Bedeutung technischen Könnens wieder ins rechte Licht gerückt.

Im ersten Teil des Buches werden in alphabetischer Reihenfolge die in Gegenwart und Vergangenheit am häufigsten angewandten Zeichentechniken aufgeführt. Diese Gliederung erlaubt Ihnen, die verschiedenen Techniken wie in einem Lexikon nachzuschlagen; zum einen werden die technischen Möglichkeiten im Allgemeinen beschrieben, zum andern wird die Bedeutung einzelner Techniken – zum Beispiel Schabtechnik oder Sfumanto – erklärt. Experimentieren Sie mit den vielen verschiedenen Techniken, und Sie werden Ihren eigenen individuellen Zugang zur Zeichenkunst finden, entwickeln und weiter ausbauen.

Oft hört man Studenten klagen, daß sie ein Objekt oder eine Idee zwar vor Augen haben, aber weder das eine noch das andere umsetzen können. Sie merken sehr wohl, daß es ihnen an technischem Können mangelt, aber sie glauben nur allzu gerne, Zeichnen sei eine außergewöhnliche Begabung, die man hat oder nicht hat.

Erfahrungsgemäß liegt der Fehler nicht so sehr in der Unfähigkeit, eine bestimmte Technik anzuwenden, als vielmehr in der Unfähigkeit, einen Gegenstand richtig zu sehen und zu analysieren.

Diese enge Beziehung zwischen Sehen, Umsetzen und Zeichnen kann nicht hoch genug eingeschätzt werden. Was immer Sie sich zu zeichnen vornehmen, muß auf dem Papier in Zeichen übertragen werden; die Wahrnehmung ist ohne Technik nicht umsetzbar, wobei wiederum diese Zeichen ganz von Ihrem zeichnerischen Geschick abhängen. Deshalb ist dieses Buch mehr als ein Lexikon.

Abheben

Mit der Technik des Abhebens lassen sich Teile einer Zeichnung entfernen, um den weißen Papiergrund wieder sichtbar zu machen. In Holzkohle- oder Contékreidezeichnungen setzt man auf diese Weise Lichter ein. Ein knetbarer Radiergummi ist wohl am brauchbarsten. Selbst kleine Teile der Holzkohle können vom Papier ohne zu viel Reiben entfernt werden. Mit einem spitz zugeformten Radiergummi kann man auch kleine Details abheben. Noch ein Tip: Weiches Brot ist besonders gut geeignet, um einen zu dunkel gewordenen Teil in einer Zeichnung aufzuhellen. Eine andere Möglichkeit hellere Töne zu schaffen, ist das leichte Reiben mit einem Abdeckband auf einer Pastellzeichnung. Doch hier ist Vorsicht geboten, damit das Papier nicht beschädigt wird. Bei Verwendung von wasserlöslicher Tusche oder Aquarellfarbe ist es auch möglich, Lichthöhungen abzuheben.
Solange die Lavierung noch feucht ist, können Sie die Farbe oder die Tusche mit einem trokkenen Pinsel abheben.
Ein saugendes Material wie ein Schwamm oder Löschpapier entfernt die feuchte Farbe vollständig und gibt helle Lichter. Wenn Sie ein zusammengeknülltes Stück Stoff auf ein nasses Bild drücken, erhalten Sie eine Vielfalt von Texturen. Wenn die Lavierung bereits angetrocknet ist, kann sie mit sauberem Wasser und einem Schwamm oder einem sauberen Pinsel wieder vorsichtig befeuchtet werden. Nach einigen Sekunden kann die Farbe oder Tusche wieder entfernt werden.
Eine Kohlezeichnung können Sie ganz einfach mit einem Radiergummi bearbeiten.

Eine dunkelblaue Tuschelavierung wurde angelegt. Vor dem Durchtrocknen hat der Künstler mit einem Q-Tip kleine Flecken der Tusche abgehoben.

Ein vollkommen trockner Pinsel hebt eine kleine Menge Farbe von einem Tusche- oder Aquarellfleck ab. Der Vorgang wurde hier mehrmals wiederholt, um einen helleren Farbton zu erhalten.

Saugendes Papier wie Küchenpapier oder Tempotaschentücher, heben noch feuchte Farbe ab und hinterlassen eine Textur.

In dieser Zeichnung wird das Weiß im Auge mit einem knetbaren Radiergummi aus der Holzkohle abgehoben.

Abstufungen

Abstufungen sind ganz weich verlaufende Übergänge von einem hellen zu einem dunkleren Tonwert oder von einer Farbe zu einer anderen. Die technische Kenntnis dieser weichen Übergänge ist sehr wichtig für die überzeugende Darstellung runder Formen. Der menschliche Körper bietet die komplizierteste Zusammenstellung solcher Formen. Aber auch Vasen, Küchengeräte, Früchte und Gemüse – die vertrauten Gegenstände einer Stilllebenzeichnung – haben alle runde Formen. Die Wiedergabe von Baumformen und Büschen in Landschaftszeichnungen hängt ebenfalls von den subtilen Tonwert- und Farbabstufungen ab. Selbst die Darstellung von Himmel und Meer erfordert oft die Technik der Abstufung.
Es gibt verschiedene Wege um Übergänge zu schaffen. Mit den Verlaufstechniken können zum Beispiel Aquarell- und Tuschlavierungen unter kontrollierter Zugabe von Wasser oder durch Abtupfen mit einem Tuch abgestuft werden. Auch Schraffuren ergeben Abstufungen von Farben und Tonwerten, genauso wie Punktieren. Sehr weiche Übergänge kann man mit den verschiedenen Härtegraden von Bleistiften auf schwach körnigem Papier erreichen. Mit Pastellkreiden, Farbstiften und Contékreiden kann man Weiß auftragen und damit einen Tonwert oder eine Farbe aufhellen.

Farbige Stifte sind ideal für Farbabstufungen. Die links abgebildete Skala wurde mit starkem Druck des Farbstiftes gearbeitet und die rechte mit leichtem Druck.

Hier wurde das Zeichenbrett leicht gekippt, um die einzelnen Pinselstriche verlaufen zu lassen und eine abgestufte Lavierung mit blauer Tusche zu erzielen. Zuerst wurde ein Pinselzug unverdünnter Tusche auf das leicht befeuchtete Papier gelegt. Dann wurde ein zweiter Pinselzug mit etwas verdünnter Tusche darunter gesetzt. Dieser Vorgang wurde mehrmals wiederholt, wobei die Tusche immer weiter verdünnt wurde.

Ein B und ein 4B Bleistift, sowie kräftiges Reiben, halfen bei der Gestaltung dieser weich abgestuften Tonwertskala mit sehr feinen Grautönen und einem tiefen Schwarz.

Aufrastern

Wenn man eine Zeichnung vergrößern möchte, ist eine Aufrasterung der einfachste und beste Weg. Dazu müssen Sie ein Quadratnetz über Ihre Zeichnung legen und ein ähnliches Netz mit größeren Quadraten auf das Blatt, auf dem Sie die Zeichnung vergrößern wollen. Jedes Quadrat Ihrer Zeichnung wird dann sorgfältig auf die Quadrate der zu vergrößernden Zeichnung übertragen.
Wenn man nicht direkt auf das Original das Quadratnetz zeichnen möchte, kann man ein Fadennetz darüberspannen oder einfacher, eine Kopie der Zeichnung machen und diese für das Aufrastern verwenden. Eine andere Möglichkeit ist die Verwendung einer Klarsichtfolie, auf die das Netz mit einem Filzstift oder einer Wachskreide aufgezeichnet wird. Dieses Netz kann dann über die Zeichnung gelegt werden und in der beschriebenen Weise übertragen werden.

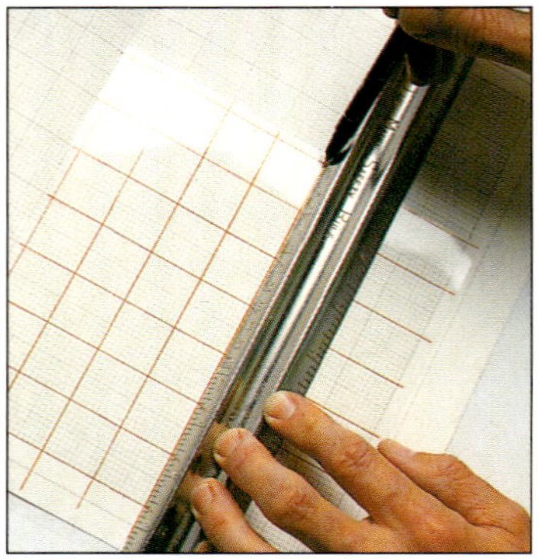

Technik des Aufrasterns

1. Mit einem lichtechten Marker zeichnet der Künstler ein Quadratnetz auf eine Kunststofffolie. Das Netz kann von einem darunterliegenden Millimeterpapier ganz genau abgezeichnet werden.

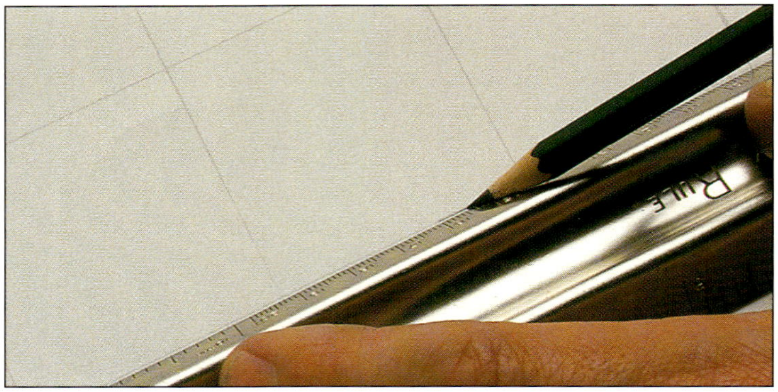

2. Ein Bleistift, ein Zeichendreieck und ein Lineal sind die notwendigen Zeichenmittel für die Aufzeichnung der größeren Quadrate auf dem Papier. Die Linien sollten gerade sichtbar sein.

3. Dann wird die Folie auf die zu übertragende Fotografie gelegt. Mit einem Bleistift kopiert der Künstler das Bild Quadrat um Quadrat. Die größeren Quadrate des Zeichenblattes dienen zur Vergrößerung des Bildes.

Automatische Zeichnung

Die automatische Zeichnung entwickelte sich aus den Theorien der Surrealisten, z. B. der Betonung des Unbewußten, und wird mit Künstlern wie André Masson (geb. 1896) in Verbindung gebracht. Außerhalb jeder bewußten Planung werden Zeichen auf das Papier oder auf die Leinwand gesetzt. Der Bleistift soll die freien Bewegungen des Armes übertragen, die Gesten des Künstlers, die von seinem Unterbewußtsein geführt werden und es offenbaren. Diese Technik wurde von den amerikanischen Künstlern des Abstrakten Expressionismus der 40er Jahre erforscht, vor allem von Gorky (1904–1948), de Kooning (geb. 1904) und Pollock (1912–1956).
Ein gewisser Anteil an automatischen Zeichenmarkierungen ist aber auch bei vielen anderen Künstlern sichtbar. Die Art und Weise, wie ein Künstler seinen Stift hält oder seine Hand und seinen Arm beim Zeichnen bewegt, kann unbewußte und charakteristische Zeichen hinterlassen. Diese automatischen Zeichenspuren können die Arbeit eines Künstlers genauso kennzeichnen, wie die Handschrift den Schreiber verrät. Genau wie die Handschrift geben sie Einblick in die Persönlichkeit des Künstlers.
Die sorgfältig gesetzten horizontalen Markierungen, die Cézanne mit dem Pinsel in seinen Aquarellen zog, sagen viel aus über seine analytische Art der Raumdarstellung. Die nervöseren, bewegten Spuren der Zeichenfeder in van Goghs Landschaftszeichnungen verraten eine weit emotionellere Reaktion auf den Gegenstand. Selbst wenn man sich zwingen würde, jeden Automatismus des eigenen Ausdrucks in der Zeichnung zu vermeiden, so wäre das wohl unmöglich, es sei denn, man würde technische Zeicheninstrumente benutzen.
Automatisches Zeichnen kann so wie zufälliges Zeichnen vom Künstler vorteilhaft verwendet werden, erfordert jedoch einige Vorsicht. Eine Gefahr liegt darin, daß die automatischen Spuren über das Ziel hinausschießen und lediglich die persönliche Handschrift des Künstlers zeigen. Leicht wirkt dann die Zeichnung „manieriert" und verschleiert die Mitteilung, die die Zeichnung liefern sollte.

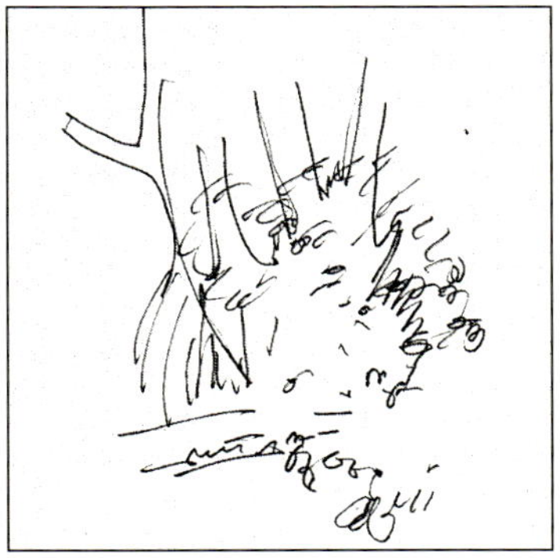

Haken und Krakel wurden schnell mit impulsiven Gesten mitten auf das Papier gesetzt. Den Künstler erinnerte es schließlich an Laub. Mit wenigen einfachen vertikalen Strichen verwandelte der Künstler die automatischen Kritzelspuren in den Fuß eines Baumes.

Diese Zeichnung schuf der Künstler in schnellen Strichen (und mit geöffneten Augen). Als Motiv diente eine Stadtansicht, als technisches Mittel ein Kugelschreiber. Diesmal brachte die visuelle Kontrolle ein vertrauteres Bild hervor. Durch die impulsive Niederschrift entstanden aber kräftige und erfindungsreiche Zeichenspuren.

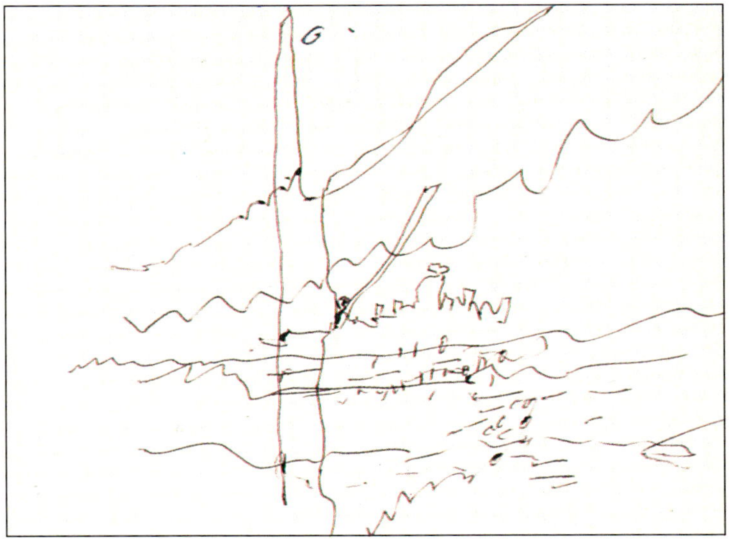

Auch für diese Zeichnung wählte der Künstler einen Kugelschreiber, da er in jede Richtung leicht über das Papier gleitet und eine ununterbrochene Linie hinterläßt. Mit leicht geschlossenen Augen stellte sich der Künstler eine Stadtszene vor und ließ Hand und Stift gleiten, nur geführt von seinen Gedanken oder dem motorischen Impuls. Das Ergebnis zeigt ein lebendiges doch offenes Bild einer Stadtansicht.

Farbaufbau

Vor allem farbige Zeichnungen müssen oft in mehreren Phasen „aufgebaut“ werden. Auch schnelle Skizzen müssen in gewissem Sinne so bearbeitet werden. Am ehesten trifft das aber für Pastellkreiden, Wachskreiden, Holzkohle und Schulkreiden zu, da hier das künstlerische Mittel selbst eine solche Vorgehensweise erfordert. Nach jedem Farbauftrag muß die Schicht fixiert werden, bevor man weitere Schichten auflegt. Dieser Farbaufbau erfüllt zweierlei Funktionen. Er verhindert zum einen das Verwischen weicher Materialien mit der Hand. Zum anderen werden durch diesen Aufbau von Farbschichten auch tiefere, gesättigtere Farbtöne erzielt (bei Pastellkreiden). Ein Farbaufbau bewahrt die Vitalität schnell hingeschriebener Farbflächen und läßt die Wirkungen von Schraffuren und Strukturen weiter erproben. Lavierte Zeichnungen können mit verdünnten Lösungen der Ausgangsfarbe aufgebaut werden. Nach dem Trocknen können weitere intensivere Lavierungen in Aquarell oder Tusche angelegt werden. So können weitere Farbschichten langsam aufgebaut werden.

Die Beschreibung der Aufbautechnik in Pastell kann ebenso als Anleitung für die Verwendung von Wachskreiden, Holzkohle und Schulkreiden dienen. Nach einer ersten Skizze der wichtigsten Formen und Richtungen sollten die tragenden Farbflächen angelegt werden. Dies kann man durch Stricheln oder durch Verstreichen der Längsseite der Pastellkreide erreichen, wenn man einen gleichmäßigen Effekt erzielen möchte. Sobald die Pastellschicht so dick geworden ist, daß ein feiner Staubfilm auf ihrer Oberfläche liegen bleibt, blasen Sie den Staub weg und fixieren die Zeichnung, entweder mit einer Fixativspritze und einem farblosen Fixativ (ein dünner Firnis) oder mit einem Fixativ aus einer Sprühdose. Die Anwendung eines Fixativs macht das Pastell gewöhnlich etwas dunkler. Wenn man zu sehr fixiert, beginnt die Oberfläche zu glänzen und verliert ihre Frische. Ein Fixativ ist nur für weiche Pastellkreiden nötig. Öl- und Wachskreiden, die nicht pudrig aufgetragen oder leicht verwischbar sind, können ruhig so Schicht für Schicht aufgebaut werden.

Farbaufbau mit Pastellkreide

1. Zeichenmaterial wie Schul-, Pastell- und andere Kreiden müssen oft Schicht für Schicht aufgebaut werden, um gesättigte Farbtöne zu erhalten. Am besten legt man bei den erwähnten Materialien mindestens die erste Schicht mit der Längsseite der Kreide an, so wie der Künstler hier mehrere breite Farbstreifen anlegt.

2. In der nächsten Phase werden breite Streifen der Pastellkreide im rechten Winkel zu den ersten angelegt. Nach und nach verliert sich die streifige Wirkung und eine gleichmäßigere Fläche entsteht.

3. Zum Schluß werden wieder andere Streifen in die gleiche Richtung wie beim ersten Mal angelegt. Man muß jetzt darauf achten, die Kanten zwischen den Streifen zu verwischen, damit eine vollkommen gleichmäßige Farbfläche entsteht. In diesen Beispielen wurden die einzelnen Schichten nicht fixiert. Um eine kompliziertere Zeichnung nicht zu zerstören, wäre es allerdings angebracht, nach jeder Schicht zu fixieren.

Farbaufbau mit Ölkreide

1. Die wichtigsten Farbflächen dieser Ölkreidezeichnung wurden angelegt und dann fixiert, obwohl das bei diesem Material nicht unbedingt nötig ist. Der Künstler arbeitet auf einem grobkörnigen Aquarellpapier, das die Kreide für den Schichtenaufbau besser annimmt als glattes Papier.

2. Mit weiteren Farbschichten wird die Intensität und Dichte der Ölkreidezeichnung verstärkt. Die Abwechslung dichter und locker aufgetragener Farbschichten verhindert, daß die Zeichnung zu dicht und zu sehr bearbeitet wirkt.

Farbaufbau mit Holzkohle

1. Die Anlage tiefdunkler Töne mit Holzkohle erfordert mindestens zwei Phasen des Farbaufbaus. Nach jeder muß hier unbedingt fixiert werden. In der ersten Phase dieser Zeichnung hat der Künstler alle wichtigen Teile des Motivs frei eingezeichnet und die Haupttonwerte festgelegt.

2. In dieser Phase wurde die Ausgangszeichnung an einigen Stellen nicht weiter bearbeitet, außer an dunklen Flächen, um größere Tiefe und Intensität zu erzielen. Um einheitlich zu gestalten, hilft eine behutsame, langsame Vorgehensweise.

Fiedern

Mit der Technik des Fiederns wird eine Tonwert- oder Farbfläche leicht mit dem gleichen oder einem anderen Zeichenmaterial überarbeitet, so daß die bearbeitete Fläche noch durchschimmern kann. Die Technik erfordert leichte diagonal schraffierte Striche mit lockerem Handgelenk und ganz leichtem Druck. Sie kann benutzt werden, um eine ziemlich flach oder tot wirkende Passage in Pastell- oder einer anderen Kreide zu beleben. Im Falle einer Schwarzweißzeichnung kann man einen weißen Contéstift über eine dunkle Stelle fiedern, um sie aufzuhellen und eine gedämpftere Wirkung zu erzielen. Fiedern eignet sich gut, um harte Kanten abzumildern oder Übergänge von Hell nach Dunkel zu schaffen. Der Name dieser Technik leitet sich von ihrer Wirkung ab; die aufgelegte Farbe scheint wie mit der Feder aufgestrichen.

Mit einem grünen Farbstift wurde eine Fläche aus kurzen und leicht schraffierten Strichen angelegt. Ein violetter Stift wurde dann in kurzen kontrastierenden Strichen darübergefiedert.

Eine dünne Lage gelben Pastells auf getöntem Papier wurde mit einem hellrosa Pastellstift überlagert. Nun legt der Künstler wieder eine Lage gelben Pastells an, indem er über die Fläche fiedert.

Für diese Pastellzeichnung eines Aktes wurde eine sehr entwickelte Form des Fiederns mit Erfolg angewandt (rechts). In breiten Flächen heller Farbigkeit wurden die wichtigsten Formen angelegt. Nachdem die richtigen Proportionen festgelegt wurden, setzte der Künstler die Farbgebung fort. Kleine vertikale Striche wurden über die Unterzeichnung gefiedert und schraffiert. Der Ausschnitt (unten) zeigt, wie die dichten Strichlagen die Grundfarben in Richtung auf subtile und gedämpfte Töne verändert haben. Die vertikalen Striche geben neben der farbigen Wirkung auch einen interessanten Kontrast zu der horizontalen Lagerung des Motivs ab.

Fingerzeichnung

Zeichnen oder Malen mit den Fingerspitzen anstatt mit einer Feder oder einem Pinsel weckt bei den meisten Leuten Erinnerungen an die Kindheit und die ersten Schulstunden. Man brachte dabei normalerweise mehr Farbe auf die Hände, das Gesicht und die Kleidung als auf das Papier. Denken Sie aber einmal an die Höhlenmalerei oder etwa an die chinesischen Tuschezeichnungen, wo mit den Fingern wunderschöne Kunstwerke entstanden sind. Es ist tatsächlich möglich, mit dem richtigen Material sehr sensible Fingerzeichnungen machen zu können. Man kann auch Fingerspuren in Zusammenhang mit anderen Techniken verwenden. Graphitstaub oder Pastellkreiden können mit den Fingerspitzen sehr sensibel aufgetragen und vermischt werden. Auch beim Zeichnen mit Kohle nehmen Künstler oft die Finger zu Hilfe, um Tonwerte und Übergänge zu verwischen oder um zu schwere Töne abzuheben.

Mit einem in Tusche getauchten Finger können auf einem grobkörnigen Papier Effekte wie mit dem trockenen Pinsel erzielt werden.

Auf einer großen Zeichnung können mit dem kleinen Finger Tupfen und Flecken eingesetzt werden. Von dem englischen Künstler William Turner (1775–1851) wird berichtet, daß er einen Fingernagel ungewöhnlich lang wachsen ließ. Damit konnte er dann die Lichter in seinen Aquarellskizzen auskratzen.

Diese kalligraphischen Zeichen wurden mit einem Finger gemacht, der in einen Untersetzer mit Tusche getaucht wurde und schnell und sicher über das Blatt gezogen wurde. Beachten Sie die weich auslaufenden Unterbrechungen in den Linien, da, wo der Finger das Papier kaum berührte.

Ölfarben können mit Terpentinersatz zu farbigen und transparenten Zeichmitteln verdünnt werden, die besonders gut für die kühn und entschieden gesetzten Zeichen einer Fingerzeichnung geeignet sind. Die Farbe wird vom Papier leicht aufgesaugt und fließt nicht so leicht herunter wie Tusche.

Braune Tusche wurde auf ein Blatt Papier geschüttet und mit einem Finger verteilt und dann damit gezeichnet. In der Zeichnung befinden sich auch einzelne Fingerspuren. Besonders für die Darstellung weicher Wolken und der runden Laubformen einer Landschaft sind die sensibel gesetzten Fingerspuren geeignet.

Fleckzeichnung

Viele werden sich an die als Kind so gerne ausgeübte Maltechnik erinnern, bei der einige Farbkleckse auf ein Blatt gemalt werden und das Papier dann zusammengefaltet wird. Die Farben werden in alle Richtungen vertrieben und auf dem Blatt entstanden unglaublich schöne Muster. Der Maler Max Ernst (1891–1976) benutzte eine ähnliche Technik, als „Decalcomanie" bekannt, und schuf damit einige seiner berühmtesten Bilder.

Die Verwendung des Klecks und seines unvorhersehbaren Charakters als Kunstmittel hat eine lange und ausgeprägte Vorgeschichte. Im Jahre 1786 widmete der englische Maler Alexander Cozens dieser Technik ein ganzes Buch. Angeregt wurde er durch die Schriften von immerhin einer Persönlichkeit wie Leonardo da Vinci. Unter dem Titel „Eine Neue Methode zur Unterstützung der Inspiration beim Zeichnen von Landschaften" zeigte das Buch, wie Künstler den Tuschefleck einsetzen konnten, um die gewöhnliche Komposition ihrer Bilder zu verbessern und zu beleben. Mehrere auf dem Papier verteilte Flecken könnten, so schrieb Cozens, „eine Zusammenstellung zufälliger Formen" ergeben, „aus denen eine Zeichnung gemacht werden könne".

Die Flecken können von einem Pinsel, einer Feder oder einem Holzstäbchen aufs Papier getropft werden. Die Wirkungen können durch Einsatz von trokkenem oder nassem Papier verändert werden.

Es ist sinnvoll, diese Technik nur in einzelnen Bildteilen einzusetzen, um bestimmte Wirkungen zu erzielen, z. B. Laub in einer Landschaft. Saugfähiges

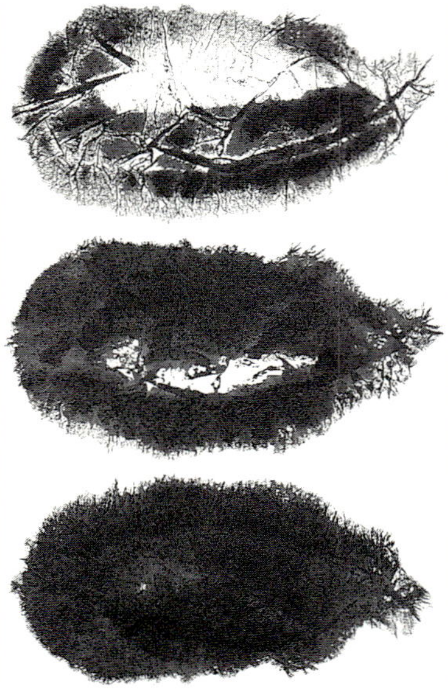

Küchenpapier eignet sich sehr gut für eine Fleckzeichnung. Zuerst knüllt man das Papier etwa faustgroß zusammen und drückt es dann auf eine mit Tusche eingestrichene Fläche. Das feuchte, tuschebefleckte Papier kann nun als Druckstempel für viele Drucke auf einem sauberen Papier verwendet werden. Die dadurch entstehenden Flecke geben ein interessantes Ausgangsmaterial für die Weiterarbeit ab. Sie können Grundlage eines Bildes aus Flecken werden, sie können aber auch Texturen andeuten, die man in einer anderen Zeichnung zu einem bestimmten Zeitpunkt wiederverwenden kann. In der hier gezeigten Fleckserie kann man das erste, baumartige Muster leicht in eine Landschaft verwandeln.

Der zweite und dritte Abdruck offenbart interessante Texturen, die in spätere Zeichnungen als schwere Wolken oder verwitterte Felsen Eingang finden könnten.

Der Blick durch ein Mikroskop kann ein ähnliches Bild zeigen wie dieses hier. Es entstand durch Tropfen eines Lösungsmittels auf ein mit Filzstiften gezeichnetes Muster. Eine ähnliche Technik könnte man für die Textur einer Laub- oder Wasserfläche in einer Landschaftszeichnung verwenden. Man könnte sie auch für Wolkenstrukturen, für die Kleidung einer Figur oder ein Stilleben einsetzen.

Hier wurde mit Wasser verdünnte chinesische Tusche mit einem Pinsel auf Papier getropft. Diese zufällige Ansammlung von Flecken wurde dann von verschiedenen Seiten betrachtet, um Assoziationen zu wecken. Mit ein paar Pinselstrichen hier und dort machte der Künstler daraus eine felsige Küstenlandschaft. Das hinzugesetzte Boot auf der linken Seite der Zeichnung vollendete das gelungene, von Flecken ausgehende Bild.

Fotokopiezeichnung

Heute sind Fotokopierer jedermann zugänglich. Man kann mit ihnen Zeichnungen verändern und durch technische Tricks besondere Effekte erzielen. Kleine Gegenstände werden meistens mit einem schwarzen Hintergrund fotokopiert, weil das Licht nirgends sonst reflektiert wird. Nicht zu große Zeichnungen können in verschiedenen Phasen kopiert werden und dann weiterbearbeitet werden. Mit den modernen Kopiergeräten kann man heute problemlos vergrößern oder verkleinern. In verändertem Maßstab sehen Zeichnungen oft ganz anders aus. Vergleichen Sie einmal verschieden große Kopien mit der Originalzeichnung, um festzustellen, welche besser ist. Eine Schwarzweißkopie von einer farbigen Originalzeichnung zeigt Ihnen die Tonwerte und kann Ihnen bei der weiteren Hell-Dunkelverteilung behilflich sein. Die Technik entwickelte sich auch hier so schnell, daß es heute fast überall Farbkopierer gibt. Die Hersteller haben ihre zunehmende Bedeutung für Künstler erkannt und auch schon Wettbewerbe für Arbeiten mit dem Medium Fotokopie ausgeschrieben. Zweifellos werden die Geräte noch weiter verbessert werden, wodurch sich neue künstlerische Möglichkeiten eröffnen.

Anfertigen einer Zeichnung

1. Die mehrmals fotokopierte Umrißzeichnung eines Interieurs wurde zuvor mit Tusche und Feder gezeichnet.

2. Eine von diesen Kopien wurde mit schwarzen Filzstiften im Hell-Dunkelbereich weiterbearbeitet. Die helleren Töne wurden mit einem fast ausgetrockneten, aber noch nützlichen Filzstift gemacht.

3. Auf einer zweiten Kopie wurde ebenfalls schattiert, diesmal aber die Wirkung einer anderen Lichtquelle auslotend. Dadurch ist ein völlig anderer räumlicher Eindruck entstanden, obwohl alle Kompositionselemente an der gleichen Stelle geblieben sind.

4. In dieser Kopie wurde das Interieur mit einem Filzstift so abgedunkelt, als ob nur Licht von einer Tischlampe in der Ecke ausgehen würde. Solche Experimente mit Hell-Dunkelwirkungen auf fotokopierten Zeichnungen sind als vorbereitende Lichtstudien für ein Gemälde sehr sinnvoll.

Frottage

Mit dieser Technik lassen sich in einer Zeichnung Texturen darstellen. Für den künstlerischen Bereich werden die Ursprünge dieser Technik übereinstimmend dem deutschen Surrealisten Max Ernst zugeschrieben. Die Idee zu dieser Technik soll ihm gekommen sein, als er auf die geschrubbten, hölzernen Dielen seines Fußbodens starrte. Die Maserung erschien ihm wie ein Linienwerk in einer Zeichnung. Die davon abgeriebene Zeichnung inspirierte ihn dann zu allen möglichen Phantasiebildern. Mit der Frottage wandelte er ganz alltägliche Texturen in seinen Zeichnungen in Zauberwesen und außergewöhnliche Formen um.
Eine Frottage kann von fast jeder festen Oberfläche abgenommen werden, auf das man ein Stück Papier legen kann. Gute Ergebnisse erhält man mit Holzbrettern, strukturierten Metallstücken, Maschendraht und grober Sackleinwand. Alle trockenen Zeichenmittel sind verwendbar; am besten eignen sich weiche Stifte und Contékreiden.
Frottagetechniken können auch in Verbindung mit farbigen Pastellkreiden eingesetzt werden, um gebrochene Farbwirkungen zu erzielen.

Frottage mit einer Holzmaserung

1. Papier wurde auf die Maserung eines groben Holzstückes gelegt und mit einem weichen Bleistift abgerieben.

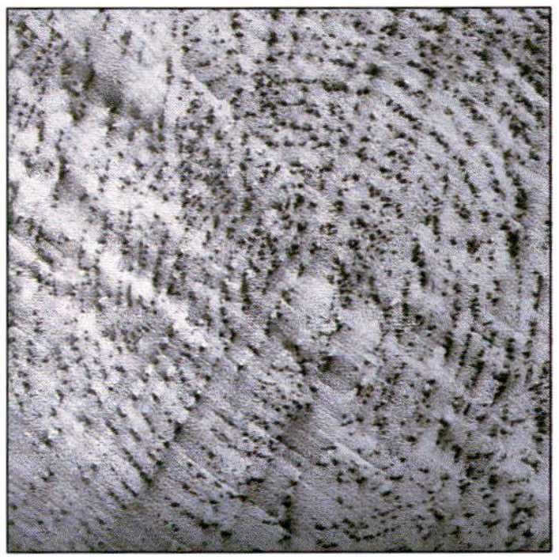

2. Die Wachstumsringe des Baumes sind in der fertigen Frottage aus einiger Entfernung deutlich zu sehen.

Mit einem Stück Holzkohle macht der Künstler auf einem Blatt Papier, das auf einem strukturiertem Metallstück liegt, eine Textur von Punkten und Diagonalen.

Unter dem Blatt Papier liegt eine grobe Sackleinwand. Beim Überzeichnen des Papiers mit einem Farbstift wird die Textur des Stoffes sichtbar.

Vor Beginn dieser Porträtstudie wurde ein Stück Sandpapier unter das Zeichenpapier gelegt. Mit einem fest aufgedrückten 4B Bleistift wurde den Linien und Tonflächen eine körnige Textur mitgegeben.

Zur Erforschung interessanter Texturen eignen sich alle möglichen Oberflächen. Dieses Beispiel entstand mit Contékreide auf der Rückseite eines Stück Linoleums.

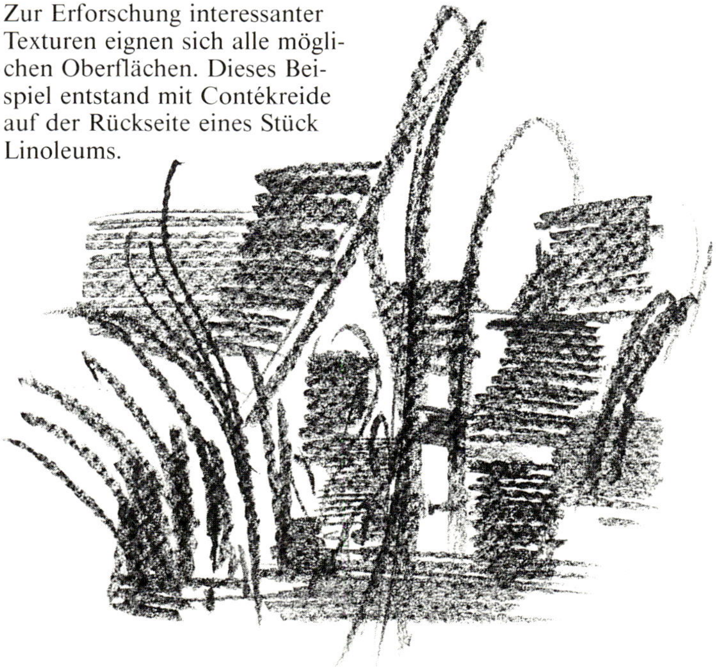

Durchpausen

Man kann Bilder aus Zeitschriften auf Papier so übertragen, daß diese Bilder, die natürlich seitenverkehrt sind, in einer Zeichnung weiterverwendet werden können. Lösungsmittel wie Terpentinersatz, Nitroverdünnung, Aceton (Nagellackentferner) oder Feuerzeugbenzin reichen gewöhnlich aus, um diese Bilder „aufzuweichen“, so daß sie auf ein Blatt sauberes Papier übertragen werden können. Denken Sie daran, mit den erwähnten Lösungsmitteln vorsichtig umzugehen. Sie sind alle gefährlich und explosiv! Beachten Sie die Hinweise der Hersteller! Am besten arbeiten Sie im Freien, oder bei geöffnetem Fenster. Mischen Sie niemals verschiedene Lösungsmittel, denn sie können die Reaktionen giftiger Dämpfe nicht voraussehen.

Abziehpapiere

Halbtransparente Abziehpapiere können vom Fachhandel bezogen werden. Wie beim Letrasetverfahren wird das Papier auf das Bild gelegt und dann abgerieben. Die abgeriebenen Halbtöne bleiben auf dem Papier zurück. Statt eines Polierstahls kann man leicht in dem Rücken eines Metallöffels Ersatz finden.

Durchschlagpapier

Nicht ganz so befriedigend ist die Kohlepapiermethode. Durchschlagpapier, wie es für Schreibmaschinen gebräuchlich ist, wird zwischen das zu kopierende Motiv und ein weißes Blatt gelegt.
Wenn Sie dann fest über die Fotografie reiben, erhalten Sie auf dem weißen darunterliegenden Papier einen Abdruck durch das Kohlepapier.

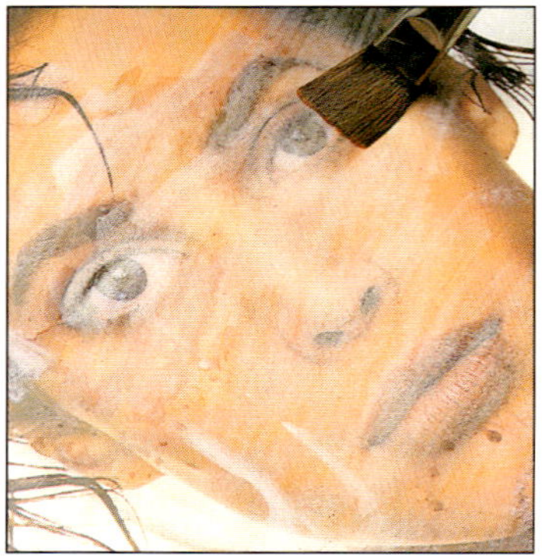

Ein Foto abziehen

1. Mit einem weichen Pinsel wird hier ein Zelluloselösungsmittel auf ein Foto gestrichen. Das muß so schnell wie möglich und mit möglichst wenig Druck ausgeführt werden. Lösungsmittel sind giftig und müssen daher bei guter Durchlüftung mit Vorsicht gehandhabt werden.

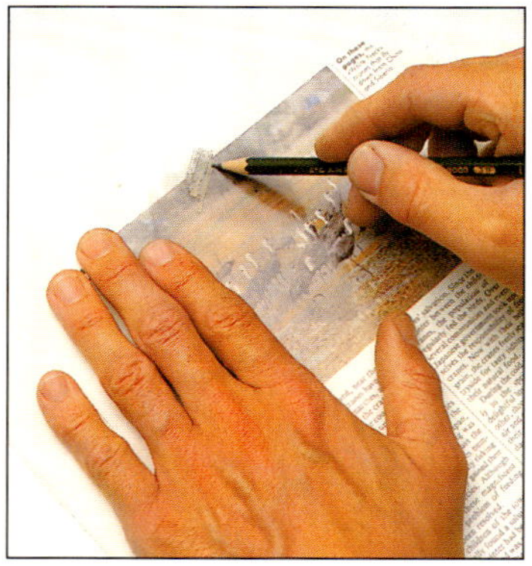

2. Noch bevor das Lösungsmittel trocknet, wird das Foto auf ein Zeichenpapier gelegt und von der Rückseite her mit einem Bleistift durchgerieben. Dazu ist fester Druck nötig.

3. Das abgeriebene Spiegelbild des Fotos kann dann mit anderen Techniken weiter bearbeitet werden. In diesem Fall wurden farbige Stifte verwendet.

Gestische Zeichnung

Die folgenden Zeichnungen wurden mit Schnelligkeit und Spontaneität ausgeführt. Die Zeichen auf dem Papier teilen etwas von der Persönlichkeit des Künstlers, seinen motorischen Gesten und seinen Gefühlen im Umgang mit seinem Motiv mit. Eine gestische Zeichnung beabsichtigt nicht, das Motiv detailliert wiederzugeben, sondern will mit schnellen Strichen und Spritzern das Wesentliche einfangen. Die Vitalität solcher Zeichnungen stammt von den kühnen Bewegungen des Handgelenks oder des Arms des Künstlers, der sein Motiv in rhythmische Linien umsetzt. Solche schnellen Zeichnungen können gemacht werden, um die Bewegungen eines Schlittschuhläufers, Sportlers oder Tänzers zu übertragen. Die gestischen Pinselzeichnungen von Constable (1776-1837) zeigen wiederum die flüchtigen Licht- und Schattenmuster in der Landschaft.

Wenn Sie eine gestische Zeichnung machen, zögern Sie nicht, sich zu korrigieren, wenn etwas nicht richtig gelungen ist. Nehmen Sie ein neues Blatt und fangen Sie noch einmal an, diesmal noch spontaner und entschiedener. Nehmen Sie dazu ein weiches Material wie Holzkohle oder einen chinesischen Pinsel, mit dem man frei und schnell zeichnen kann.

Gestische Zeichnungen mit Tusche

1. Die freie Bewegung der Hand gibt den mit Tusche und chinesischem Pinsel gezeichneten Figuren eine große Vitalität.

2. Das fertige Blatt mit den Pinselzeichnungen. Der Künstler ließ seine Hand die Bewegungen der Sportler eher nachspüren, als sie genau und zeitaufwendig zu studieren.

Eine gestische Zeichnung wird gerne zur Wiedergabe von bewegten Figuren verwendet. Die rhythmischen Pinselstriche in dieser Zeichnung fangen nicht nur die Bewegung des Cellisten ein, sondern drücken auch etwas von der Musik aus.

Von den trockenen Zeichenmaterialien eignet sich ein Stück Holzkohle am besten für gestische Zeichnungen. Die Figurenzeichnung oben zeigt schnell hingesetzte Linien. Mit der Breitseite der Kohle können schattierte Flächen angelegt werden.

Hell-Dunkelzeichnung

So wie man eine Zeichnung nur in Umrißlinien ausführen kann, ist es auch möglich nur mit Hell-Dunkelwerten zu zeichnen. Verschiedene Zeichnungen von Seurat sind ausgezeichnete Beispiele für ein solches Vorgehen. Mit Contékreide gab er die sich überlagernden Flächen von Lichtern und Schatten wieder, also eher die Tonwerte als die Umrisse des Motivs.
Solche in Hell-Dunkel und meistens mit Tuschlavierungen, Contékreide oder Holzkohle ausgeführten Zeichnungen sind mit Stimmungen und Atmosphäre aufgeladen. Wenn man die Beleuchtung eines Motivs genau studiert und die sich ergebenden Hell-Dunkelmuster wiedergibt, kann man Volumen und Dreidimensionalität der Form neu entstehen lassen.
Um die Hell-Dunkelbeziehungen in einem Motiv besser studieren zu können, kann eine Collage aus kleinen Stücken Tonpapier schon eine gute Vorübung sein. Auch Zeitschriftenabbildungen können zerrissen und aufgeklebt werden, um in der Collage die Hell-Dunkelwerte des Motivs wiederzugeben.

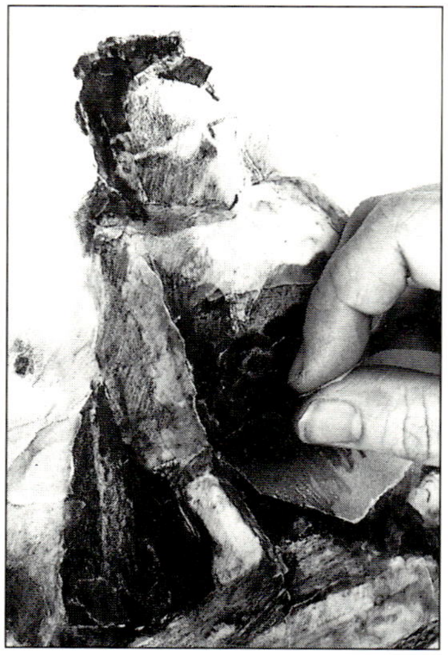

Mit einer Collage kann man sich einen ersten Zugang zur Hell-Dunkelzeichnung verschaffen. Zeichenpapier wurde vorher mit Bleistift in verschiedenen Tonwerten schattiert und dann zerrissen. Die kleinen Schnipsel wurden zurecht gelegt und zu einem starken Hell-Dunkelbild aufgeklebt. Diese Übung zwingt dazu, in großen Hell-Dunkelbeziehungen zu denken und alle Details zu vernachlässigen.

Mit Holzkohle wurden Bäume und ein dunkler Himmel in einer Winterlandschaft dargestellt. Um die Dunkelheit der Landschaftsszene und ihre verschwimmenden Einzelheiten wiederzugeben, wurde Kohle in einem Teil des Himmels mit dem Finger verrieben und in anderen stehengelassen.

Mit Pinsel und verdünnter Tusche kann eine Vielfalt von Tonwerten erzeugt werden. Dieser Blick durch ein Fenster zeigt, wie wichtig es bei dieser Technik ist, sich auf die großen Hell-Dunkelflächen anstatt auf die Details zu konzentrieren.

Konturen

Mit dieser Methode lernen Sie, wie man nur mit einer Umrißlinie die dreidimensionalen Eigenschaften eines Gegenstandes wiedergeben kann. Die Linienführung muß neben der Länge und Breite des abgebildeten Gegenstands auch sein Volumen anzeigen. Nehmen Sie zum Beispiel die Zeichnung eines Kopfes. Ein unerfahrener Künstler wird die Linie vor allem für zwei Dinge verwenden: erstens um den Umriß des Kopfes wiederzugeben und zweitens um die wesentlichen Gesichtszüge innerhalb dieser Umrißlinie zu kennzeichnen, wie Augen und Lippen. Obwohl alle Gesichtszüge richtig erfaßt wurden, wird eine solche Zeichnung dem Betrachter flach vorkommen. Der Eindruck des in Wirklichkeit runden Kopfes ist nicht wiedergegeben.
Aus diesem Grund brauchen wir eine richtige eingesetzte Kontur. Stellen Sie sich vor, wie Ihr Finger über eine Oberfläche oder ein Gesicht gleitet, alle Erhöhungen und Vertiefungen erfahrend. Nehmen Sie nun eine Linie, um die Bewegung Ihres Fingers nachzuziehen.
Die Linienführung muß nicht nur die äußeren Kanten des Gegenstandes festhalten, sondern muß auch um die Formen herumgehen und anzeigen, wie der Gegenstand im Raum steht, ob er gewölbt oder flach ist, ganz auf den haptischen Sinn abgestimmt.
Wenn Sie ein Stück gestreiften Stoffs drapieren und genau die Richtung der Streifen abzeichnen, nicht nur ihre Begrenzungen, werden Sie feststellen, wie aus den Streifen Konturlinien werden, die den Eindruck dreidimensionaler Form wiedergeben. Kommen Sie aber bitte nicht auf die Idee, nun alles, was Sie zeichnen wollen, mit Streifen zu versehen.
Wenn die Umrißzeichnung bereits sensibel genug ist, genügen einige wenige Konturen, um Volumen und Masse anzuzeigen.

Konturen mit dem Filzstift

1. Diese Umrißzeichnung gibt sehr wenig Information über die dreidimensionalen Eigenschaften der Formen. Die Früchte wirken noch flach.

2. Der Künstler hat die Äpfel noch einmal mit Filzstiften nachgezeichnet und mit den Konturlinien die Schwellungen und Biegungen der Frucht ausgearbeitet.

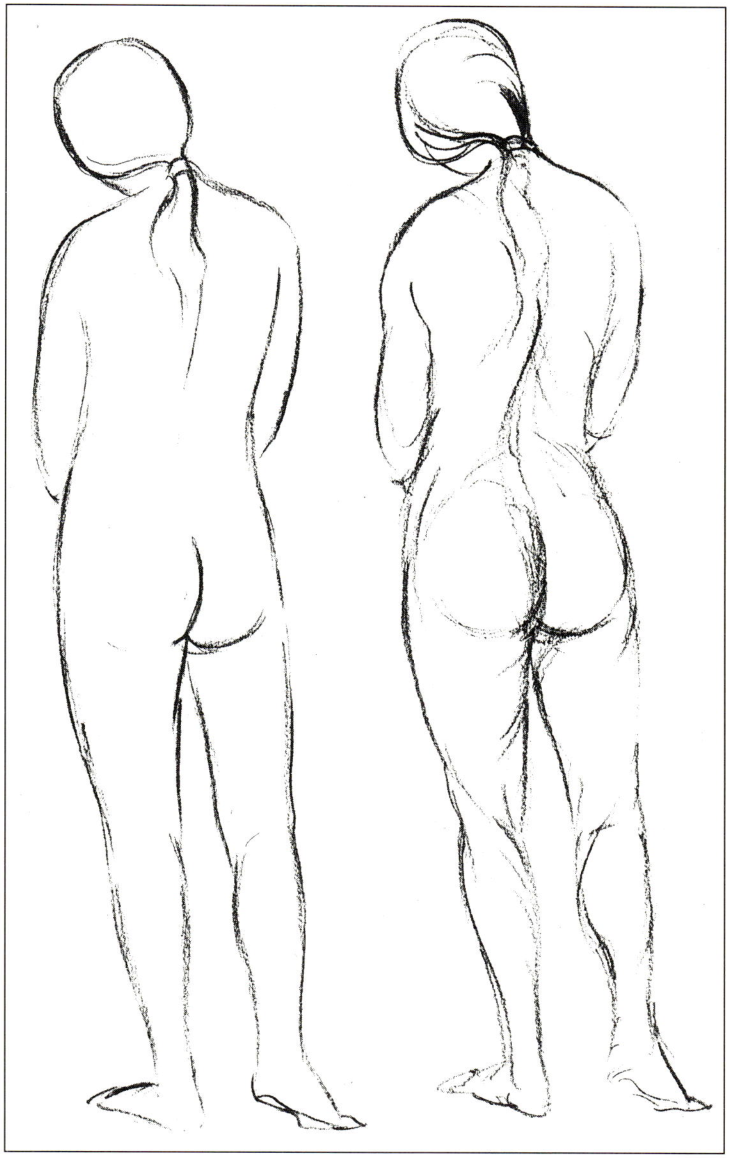

Hier wird die Konturlinie für eine figürliche Kohlezeichnung gebraucht. Die Konturlinie ist besonders beim Zeichnen des menschlichen Körpers von Nutzen. Sie hilft die dreidimensionale Konstruktion des Körpers zu klären; sie zeigt die Beziehungen der Einzelformen.

Korrekturen

Man muß nicht unbedingt alle „Fehler“ in Zeichnungen ausmerzen wollen. Es gibt viele Meisterzeichnungen, z. B. von Ingres, Degas (1834-1917) oder Matisse (1869-1954), in denen bei vielen Versuchen, z. B. das Bein einer Figur in die richtige Lage zu bringen, alle Studien stehen gelassen wurden. Das sind die sog. „pentimenti“ (ital. Reuezug). Oft machen sie den eigentlichen Zauber eines Bildes aus.

Es gibt natürlich auch notwendige Korrekturen, die nicht anders ausgeführt werden können, als durch Entfernen oder Überdecken. In der Regel verwenden Sie dazu einen Radiergummi, die es in verschiedenen Härtegraden gibt.

Um Tusche zu entfernen, genügt manchmal schon ein harter Radiergummi. Andernfalls wird man jedoch zu einem scharfen Messer oder einer Rasierklinge greifen müssen. Mit deckender weißer Farbe (Gouache oder Acrylfarbe) lassen sich fast alle Formen der Zeichnung abdekken. Falls einmal alle Stricke reißen, kann das fehlerhafte Stück auch aus dem Papier geschnitten werden und ein neues an seiner Stelle eingefügt werden. Das neue Stück wird mit Tesafilm auf der Rückseite der Zeichnung befestigt.

Der Künstler hatte diese Bleistiftzeichnung eines Pferdekopfes schon fast fertig, als er merkte, daß sich das linke Ohr in der falschen Lage befand. Mit einem knetbaren Radiergummi löschte er diesen Teil der Zeichnung ganz aus, bevor er das Ohr noch einmal in der richtigen Position zeichnete.

Während der Künstler eine flotte Zeichnung in Tusche und Feder machte, geriet ein Tuschefleck auf die Zeichnung. Er entschied sich daraufhin, diesen Fleck wie auch die Lage des Auges darüber zu korrigieren. Mit einer weißen Abdeckfarbe wurden die zu korrigierenden Stellen übermalt. Nachdem die Farbe durchgetrocknet war, konnten alle Linien nachgezeichnet und das Porträt beendet werden.

Kreuzschraffur

Diese Möglichkeit der Schattierung ist eine Variante der Schraffur. Sie verbindet zwei oder mehr Reihen paralleler Linien, die sich in einem gewissen Winkel kreuzen. Diese Technik wird sehr häufig im Kupferstich und in der Radierung verwendet, bei denen der Tonwert nur durch lineare Mittel erzeugt werden kann, anders als bei der Technik der Punktierung oder der Aquatintaätzung. Auch in der Tuschzeichnung wird die Kreuzschraffur angewendet. Früher lehrte man Künstler, daß eine Kreuzschraffur nur in einem Winkel von 45 Grad und nur in schwarzer Tusche durchzuführen sei. Heute braucht man sich nicht mehr an diese strengen Regeln zu halten. Sie waren seinerzeit in den Kreisen des kommerziell betriebenen Kupferstichs zu einer wahren Ideologie hochstilisiert. Für die Kreuzschraffur eignen sich alle zeichnerischen Mittel, - einschließlich Kugelschreiber, Filzstifte und feine Pinsel. Die Linien müssen auch nicht ganz gerade gezogen werden. Probieren Sie ruhig einmal Kreuzschraffuren mit gebogenen, gepunkteten oder Zickzacklinien. Nehmen Sie dafür farbige Tuschen oder Filzstifte. Mit schwarzer Tusche und Feder lassen sich sehr dichte Tonwerte mit Kreuzschraffuren in verschiedenen Richtungen erzielen. Da das weiße Papier nicht ganz abgedeckt wird, erhalten die Tonwerte eine Leuchtkraft, die zu den großen Vorzügen dieser Technik gehört.

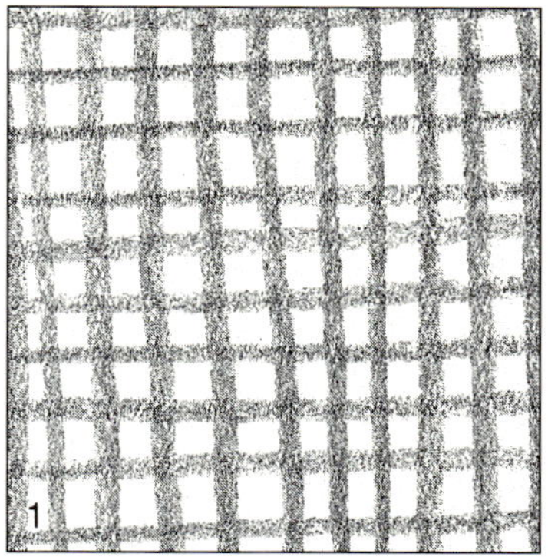

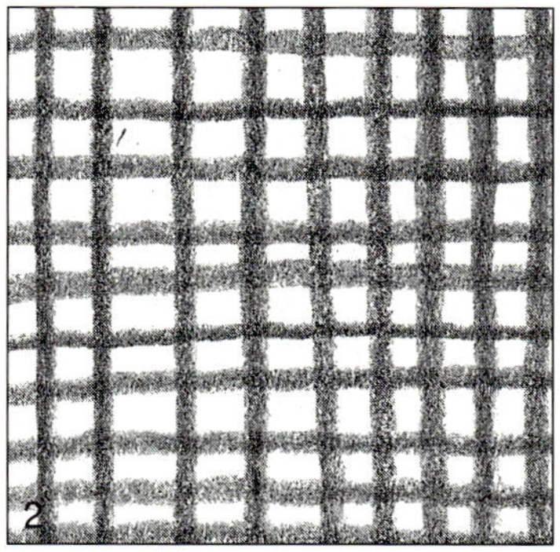

Je nach Winkelstellung der sich überschneidenden Linienzüge lassen sich verschiedene Wirkungen erzielen. Im Beispiel 1 wurde eine Kreuzschraffur mit vertikalen über horizontalen Strichlagen ausgeführt. In Beispiel 2 wurde die gleiche Schraffur mit schwärzeren Linien ausgeführt.

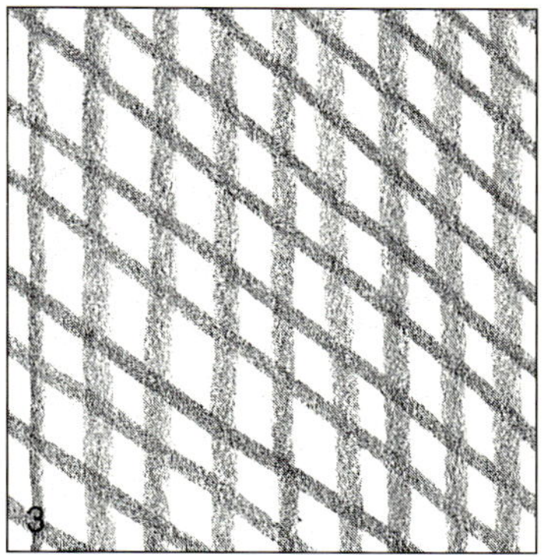

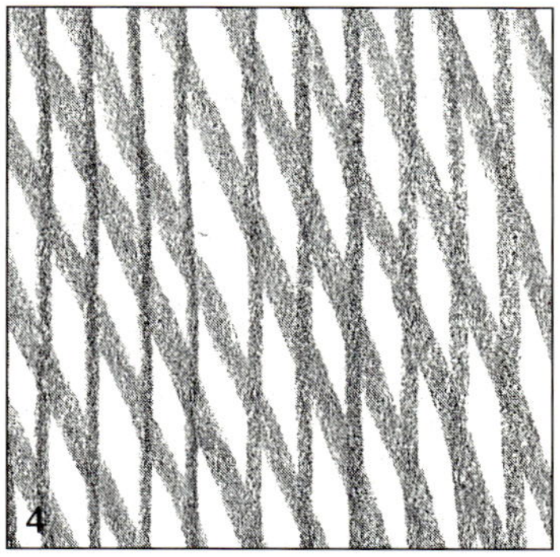

Beispiel 3 zeigt eine Kreuzschraffur in einem 45 Grad-Winkel. Der Winkel kann natürlich weiter verändert werden, wie das Beispiel 4 mit einem spitzeren Winkel zeigt.

Die Beispiele 5 und 6 zeigen Kreuzschraffuren aus den drei Primärfarben. Abgesehen von der eindrucksvollen Textur erzeugen die sich überschneidenden Linien an ihrem Schnittpunkt auch noch die Sekundärfarben.

Die kreuzschraffierte Tonwertskala zeigt den Reichtum an Nuancen, der mit dieser Technik möglich ist. Obwohl nur mit schwarzer Tusche gezeichnet wurde, entstanden Tonwertabstufungen durch veränderte Liniendichte und wechselnden Druck auf die Feder.

Kreuzschraffuren müssen sich nicht auf schwarze, gerade gezogene Linien beschränken. Mit farbigen Tuschen sind eine ganze Reihe von Effekten möglich: Wellige Linien, gekritzelte Linien und vielfarbige gepunktete Linien können zur Erzielung ganz bestimmter Ergebnisse benutzt werden.

Ein Kugelschreiber gleitet schnell über das Papier und wechselt leicht die Richtung. Daher ist er besonders gut für die Kreuzschraffur geeignet. Durch verstärkten Druck auf den Kugelschreiber und größere Liniendichte lassen sich viele verschiedene Tonwerte schaffen.

Die ganz unterschiedlichen Linien dieser Kreuzschraffuren mit farbigen Filzstiften ergeben in der Gesamtwirkung ein Muster farbiger Flecken.

Kritzeleien

Wenn man nicht ganz bei der Sache ist, entstehen leicht wie von selbst kleine Kritzelmännchen oder ganz abstrakte Muster. Beim Telephonieren, während eines Gesprächs oder einem Vortrag fängt man an zu kritzeln, besonders dann, wenn der Vortrag langweilt. Solche Kritzeleien können ganz unbewußt entstehen. Manchmal fängt der Zeichner jedoch an, seine Kritzeleien unter eine gewissen Kontrolle zu bringen. Solche Zeichnungen unterscheiden wir von den reinen Zufallsergebnissen.

Kritzeleien nehmen oft die Form ziemlich komplizierter Muster oder Linienstrukturen an. Manchmal löst bereits auf dem Blatt Vorhandenes, der Briefkopf oder vielleicht ein Kaffeefleck eine Kritzelei aus. Das wird dann in einen erkennbaren Gegenstand oder auch nur in ein abstraktes Muster zeichnerisch einbezogen. Kritzeleien können von abstrakten Mustern bis zu flüchtigen Skizzen und witzigen Zeichnungen reichen.

Es gibt jedoch auch eine ganz ernstzunehmende Seite an diesen Kritzeleien. Sie können nämlich auch ganz ungewöhnliche und merkwürdige Bildkombinationen ergeben, sichtbar gemachte Träume oder Gedankenmuster. Daher werden sie auch gerne in der Psychoanalyse verwendet, um einige Aspekte im Unterbewußtsein des Patienten aufzudecken. Darin sind die automatischen Zeichnungen der Surrealisten den alltäglichen Kritzeleien verwandt. Der chilenische Künstler Matta (geb. 1911) hat riesige Gemälde voller kritzelähnlicher Figuren und gestischer Farbflecken gemalt.

Für diese schnelle, mit nervöser Energie geladene Kritzelei wurde ein schwarzer Kugelschreiber verwendet. Ineinander übergehende Flächen von Tonwerten und virtuose Linien wurden schnell hingekritzelt. Einige langsamere und kleinere Bewegungsabläufe ließen die schwarzen Formen in der Mitte hervortreten.

Der immer greifbare Kugelschreiber wird oft für Kritzelzeichnungen verwendet. Diese Kritzelei ist voller kreisender, herumwandernder Linien und entstand dadurch, daß der Kugelschreiber in einem ganz wörtlichen Sinn über das Blatt rollte.

Lichthöhungen

Lichter heißen die winzigen funkelnden Reflexe die man auf den beleuchteten Gegenständen sieht. Sie stammen von der vorherrschenden Lichtquelle. Das können Reflexe des Sonnenlichts auf einem Wasserbassin oder auf den Gläsern des daneben stehenden Tisches sein. Besonders Glas, poliertes Metall, Wasser und nasse Oberflächen spiegeln Lichter. Gemalt oder gezeichnet sind das immer die leuchtendsten und hellsten Punkte eines Gegenstandes. In einer Zeichnung stehen sie gewöhnlich als reines Weiß. Sie sind entweder durch „Stehenlassen" des weißen Papiers selbst oder durch Lichthöhungen in weißer Farbe darzustellen.
Je nach verwendetem Material können Lichthöhungen mit einem Radiergummi gesetzt werden, der das weiße Papier freilegt. Bei einigen Motiven ist es aber auch möglich, die hellsten Stellen vorher festzulegen und das Papier an diesen Punkten freizulassen. Auch ein Abdeckband oder Abdeckflüssigkeit können zum Entstehen von Lichthöhungen verwendet werden. Sie schützen die abgedeckten Stellen und lassen nach dem Abziehen das Weiß des Papiers zurück. Im allgemeinen schließen die Lichthöhungen eine Zeichnung ab. Sie geben ihr die letzten Feinheiten und bringen die Zeichnung zum Leben. Vielleicht genügt ein winziger Tupfen Weiß in den Augen eines Porträts oder das Abheben mit dem Radiergummi zur Wiedergabe von Kräuselungen auf dem Wasser. Damit die Lichthöhungen nicht aus der Zeichnung „herausfallen", müssen sie zur Technik der Zeichnung passen. Besonders in den Fällen wo weiße Farbe in einer Zeichnung auf weißem Papier verwendet wird, ist es ganz wichtig, daß die Lichthöhungen nicht von der Zeichnung abgelöst erscheinen. Manchmal ist sogar eine ganz leichte Schattierung über der Farbe oder eine leichte Lavierung (je nach Technik der Zeichnung) nötig, um die Lichthöhungen weicher zu machen und sie in die Zeichnung gut einzufügen.

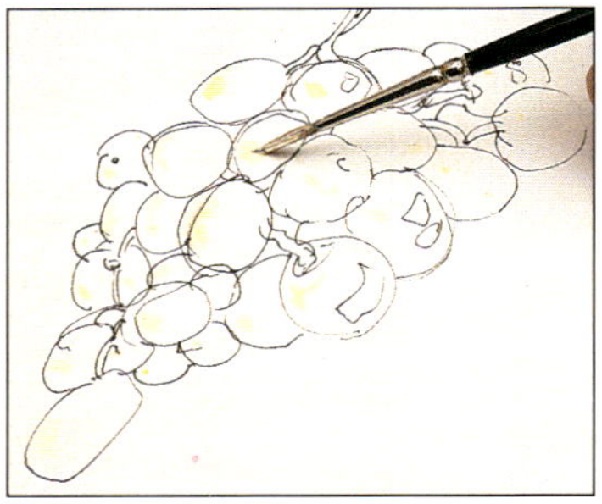

Lichthöhungen mit Abdeckflüssigkeit

1. Bei dieser Tusch- und Federzeichnung legt der Künstler mit einem kleinen Pinsel dort Abdeckflüssigkeit an, wo später ein Licht stehen soll.

2. Nach der Trocknung, werden mit einer Tuschlavierung die Tonwerte angelegt.

3. Wenn die Tusche völlig trokken geworden ist, reibt man vorsichtig die Zeichnung mit dem Finger ab. Die gummiartige Abdeckflüssigkeit geht dabei ab und zeigt klare, weiße Lichter.

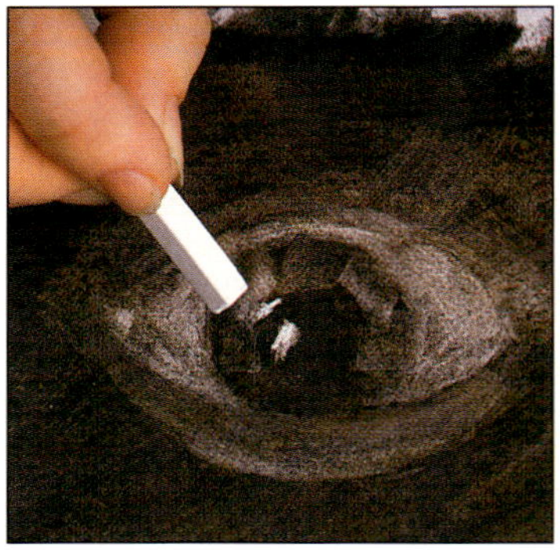

Mit einer weißen Contékreide legt der Künstler hier das glitzernde Licht in der Pupille der sehr dichten Hell-Dunkelzeichnung eines Auges an.

Lineare Zeichen

Mit vielen herkömmlichen Zeichenmitteln lassen sich leichter Linien ziehen als Flächen anlegen. Geschickte Hände können jedoch Linien so ziehen, daß sie alle optischen Effekte bringen, die in der Zeichnung geschaffen werden können. Es gibt eine Vielzahl von Techniken und Mitteln, mit denen sich eine große Anzahl linearer Zeichen machen läßt.
Intensität und Dicke der Linie, ihre Flüssigkeit oder Zähigkeit, ob sie fortlaufend oder unterbrochen ist, all das sind Hilfsmittel, um in einer Zeichnung wirkungsvolle optische Effekte zu schaffen. Eine der faszinierendsten linearen Techniken besteht in der Darstellung von Tiefe und Volumen durch Brüche und Überschneidungen von Konturlinien. Die Figurenzeichnungen von Ingres, Degas, Matisse und Picasso geben dafür ausgezeichnete Beispiele ab.

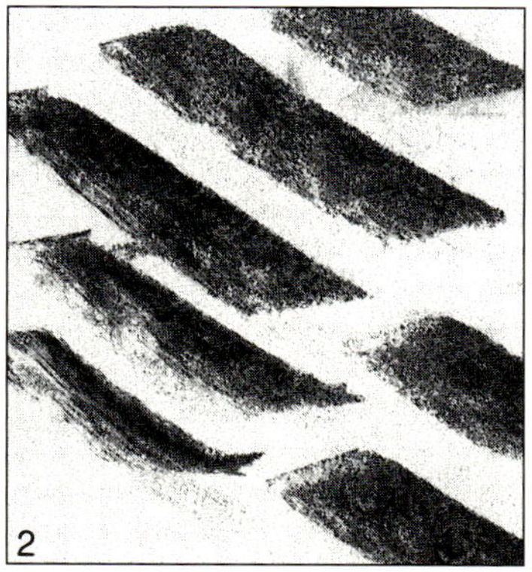

Mit der Breitseite eines Marderhaarpinsels aufgetragene schwarze Tusche ergibt breite, deutliche Zeichen (Beispiel 1). Wenn der Strich ausläuft entstehen interessante Texturen. Ähnliche Wirkungen kann man mit der Breitseite eines schwarzen Pastellstiftes erzielen, wie in Beispiel 2.

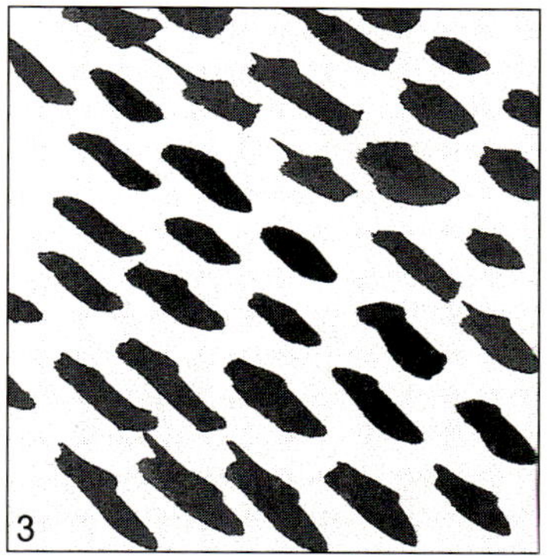

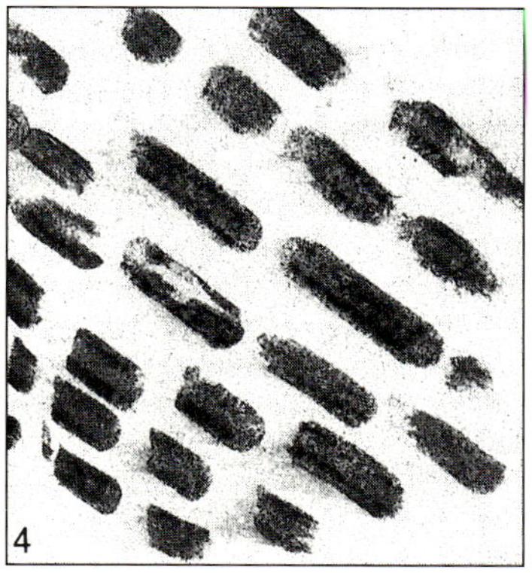

Eine ganze Reihe verschiedener Zeichen entstehen, wenn man mit der Spitze eines Marderhaarpinsels Tusche auf das Blatt tupft (Beispiel 3). Mit einem schwarzen Pastellstift ergeben sich wie im Beispiel 4, abrupte Striche anstelle der fließenden Zeichen des Pinselstrichs. In beiden Techniken unterscheiden sich die Zeichen leicht und sind doch ähnlich. Das macht sie so faszinierend.

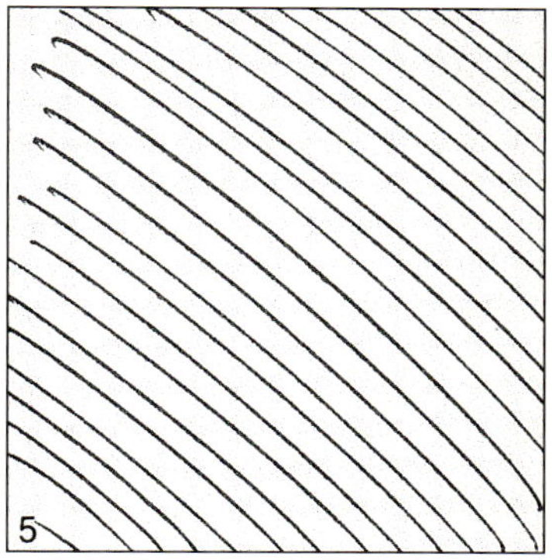

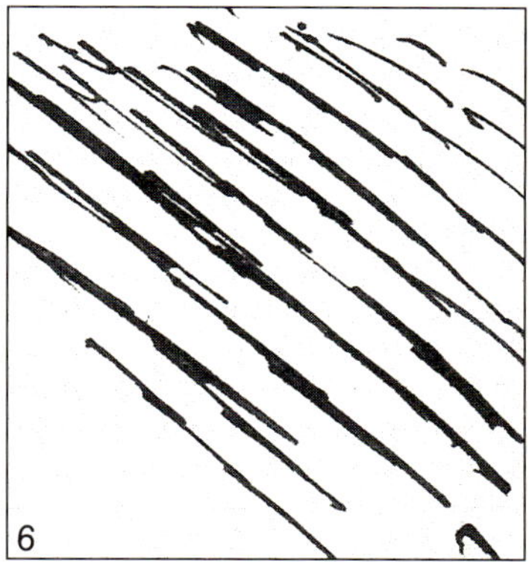

Die Zeichenfeder ist ein beliebtes Zeicheninstrument, da die mit ihr gezogenen Linien nicht zu mechanisch auslaufen, sondern sich jeweils leicht voneinander unterscheiden. Beispiel 5 zeigt schließlich, wie selbst mit gerade schraffierten Strichen der Linienduktus in Dicke und Textur abwechselt. In Beispiel 6 wurde eine breitere Feder verwendet. Der ausgeübte Druck und der Winkel der Feder können so verändert werden, daß kalligraphische Muster entstehen.

Die mit der Spitze eines Marderhaarpinsels angelegten fließenden Linien geben den Charakter dieses wilden Tieres angemessen wieder. Anschwellende und auslaufende Linienzüge folgen dem natürlichen Haarwuchs des Gorillafells. In ihrer Funktion als Konturlinien zeigen die Pinselstriche außerdem die Muskelformen unter dem Fell.

In dieser Zeichnung wurden die flexiblen Eigenschaften der Zeichenfeder zusammen mit der des Pinsels voll ausgenutzt. Der Baum im Vordergrund zeigt eine Vielfalt von linearen Zeichen, dünn gezogene Umrisse, Schraffuren mit dickeren Strichen und kalligraphische Kürzel. Kleine Tupfen mit Aquarellfarbe ergeben das Laub des Hintergrundes, große Pinselstriche die Wiesen im Mittelgrund. Die eckigen Lavierungen auf dem Baum im Vordergrund wurden mit einem Flachpinsel ausgeführt.

Linie und Lavierung

Es steht nicht geschrieben, daß Sie sich auf nur ein Zeichenmittel beschränken müssen. Kombinationen verschiedener Techniken sind zugleich interessant wie anregend. Als eine althergebrachte Kombination verwenden viele Künstler noch heute: Linie und Lavierung. Die Linie wird meistens mit Bleistift oder Feder gezogen, während die Lavierung meist aus einer verdünnten Tusche oder Aquarellfarbe besteht. Der Künstler hat die ganze Flexibilität und Ausdruckskraft der Linie in der Hand, wie auch die Möglichkeit, Tonwerte und Farben mit einer Lavierung anzulegen. Im Unterschied zu einer genauen Zeichnung suggerieren Zeichnungen mit Linie und Lavierung mehr als sie tatsächlich zeigen. Sie regen die Phantasie des Betrachters an und lassen ihn eine aktive Rolle spielen.

Das größte Problem in dieser Technik besteht in der Zusammenführung beider Mittel zu einer bildnerischen Einheit. Es ist schon schwierig, eine Lavierung über eine Zeichnung zu legen, ohne daß sie nicht wie ein Nachtrag wirkt. Man muß Linie und Lavierung gleichzeitig entwickeln, das ist das ganze Geheimnis.

Sie können mit kleinen Skizzen der Formen und Konturen beginnen und dann einige Tonwerte mit einer Lavierung anlegen. Dann zeichnen Sie wieder mit kräftigeren Linien hinein und legen weitere Tonwerte an. Wechseln Sie in beiden Techniken so oft Sie wollen ab und plagen Sie sich nicht zu früh mit Details ab. Es ist möglich, eine Menge an Informationen, wie Textur, Farbe, Licht, Form und Bewegung durch Einfachheit zu erreichen.

Für diese zarte Zeichnung einer Rose war wasserlösliche Tusche das geeignete Mittel. Die nur in den Umrissen gezeichnete Rose wurde mit sauberem Wasser angelöst, um feine Tonwerte zu schaffen. Für die dunkleren Töne des Stengels und der Blätter wurde verdünnte Tusche genommen. Nach dem Trocknen gaben deutliche Schraffuren und Linien Schattierungen und Details an.

Mit schwarzer Tusche und Aquarell entstand diese schnell hingesetzte Zeichnung. Die ersten Lavierungen wurden naß-in-naß angelegt, um die Töne zu verbinden. Nach dem Trocknen wurden mit einer dunklen Lavierung Schattenzonen angelegt.

Mischtechniken

Die Ausweitung der zeichnerischen Mittel hört nicht mit Linie und Lavierung auf. Jedes Zeichenmaterial oder verschiedene auf einmal können in einer Zeichnung Verwendung finden. Eine Landschaft kann zum Beispiel schnell mit einer Tuschelavierung angelegt werden. Die wichtigsten Einzelheiten werden dann mit der Feder eingezeichnet. Das Laub kann mit Kreiden oder Kohle skizziert werden. Lichthöhungen folgen in weißer Gouachefarbe.

Wenn man dunkle Lavierungen über eine Öl- oder Wachskreidezeichnung legt, stoßen die Kreidestriche die wäßrige Lavierung ab und bleiben in ihr deutlich stehen. Andere Mittel wie Farbstifte oder Filzstifte können nach der Trocknung ergänzt werden.

Mit Verwendung der Collage können noch ungewöhnlichere Effekte erzielt werden. Collage bedeutet das Aufkleben verschiedener Materialien wie Papiere, Stoffe, andere Zeichnungen oder Fotos auf Ihre Arbeit. Nachdem Sie die Stücke festgeklebt haben, können Sie darauf weiter zeichnen oder malen. Sie können eine Vielfalt von Techniken und Mitteln in einer Zeichnung verwenden, die Auswahl und Zusammenstellung müssen Sie aber selbst vornehmen. Sie müssen sich Ihrer Mittel und Techniken so sicher sein, daß Sie damit eine einheitliche Komposition und nicht nur eine Serie bildnerische Zufälle, die wenig technisches Können ausdrückt, bilden können.

Mit einem schwarzen Filzstift wurde zuerst die Schattierung angelegt. Auf die Mitte des schraffierten Fleckes wurde dann Feuerzeugbenzin getropft, wodurch der hellere, mondartige Kreis entstand.

Dieses Porträt wurde erst in Holzkohle skizziert und dann mit einer Zeichenfeder und schwarzer Tusche weitergezeichnet.

Wasserlösliche Tusche und Aquarellfarbe ergänzen sich gut. Hier wurden mehrere farbige Lavierungen über eine Pinselzeichnung in schwarzer Tusche gelegt. Beachten Sie, wie sich die Tusche an manchen Stellen gelöst und mit der Lavierung vermischt hat.

Zuerst wurde dieses Porträt in einer Pinselzeichnung mit schwarzer Tusche angelegt. In noch feuchtem Zustand wurden dann Aquarellavierungen darüber gemalt. Die Mischung beider Mittel wird noch zufälliger, wenn man sie naß-in-naß anlegt.

In dieser farbigen Skizze wurde nach dem Prinzip „Öl stößt Wasser ab" gearbeitet. Die Ölkreidezeichnung wurde mit Gouache so übermalt, daß die öligen Linien durch die wäßrige Farbe brachen.

Eine wirkungsvolle Verbindung von verschiedenen Mitteln und Techniken verleiht dieser Landschaft ihre Atmosphäre. Mit einer Kerze wurden zuerst die Wolkenformen gezeichnet, bevor sie mit Aquarellfarbe übermalt wurden. Diese Wachsmaltechnik wurde dann noch mit einer Zeichnung in schwarzer Tusche ergänzt.

Mit Pinsel und verdünnter Farbe hat der Künstler hier über mehrere gerissene, farbige Papiere gezeichnet, die er auf ein Blatt weißes Papier geklebt hat.

Pinselzeichnung

Eine der sinnlichsten und expressivsten Zeichentechniken ist das Zeichnen mit Pinsel und Tusche auf einem blanken, weißen Papier. Ihre Anziehungskraft besteht in dem variationsreichen Linienfluß und der vielfältigen Markierungsmöglichkeit wie auch in dem schnellen und leichten Zugriff zu den Tonwerten und Farben. Die kühnsten Pinselzeichnungen werden ohne Vorzeichnung gleich mit dem Pinsel aufgetragen. Eine gute Pinselzeichnung erkennt man an den flüssigen und dabei sicher gesetzten Strichen. Die chinesischen und japanischen Künstler haben die Einfachheit und Kraft dieser Technik seit Jahrhunderten erprobt. Ihre wunderschönen und dynamischen Zeichnungen verbinden Tradition, Spontaneität und Gestik mit einer Vorliebe für das Setzen von Zeichen, womit sie alles ausdrücken konnten.

Ein anderer Zugang zur Pinselzeichnung besteht in einer ersten Formenskizze mit Pinsel und verdünnter Tusche oder Aquarellfarbe, und zwar so fein gesetzt, daß man die Striche gerade noch wahrnehmen kann. Diese Leitlinien können dann durch Tuschlinien und Lavierungen in stärkerer Konzentration langsam weiter aufgebaut werden.

Mit der Spitze des Pinsels können sehr feine Linien gezogen werden. Mit zunehmendem Druck auf den Pinselkörper entstehen dickere Linien. Zieht man einen fast trockenen Pinsel über ein rauhes Papier, erhält man eine aufgebrochene Farbspur.

In dieser Technik lassen sich Lichteffekte oder farbige Strukturen in einer Zeichnung wiedergeben.

Pinsel bestehen aus unterschiedlichem Material wie Marderhaar, Schweineborsten und Kunststoff und kommen in allen möglichen Größen und Formen in den Handel. Die von diesen Pinseln erzeugten Spuren sind von gleicher Vielfalt.

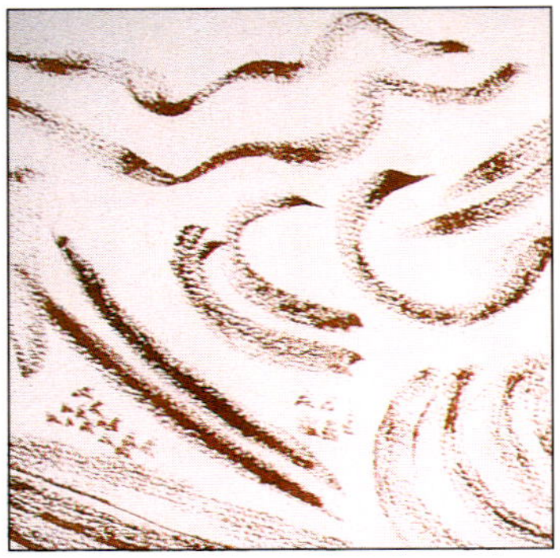

Für die Arbeit mit der Trockenpinseltechnik sollte der Pinsel zuerst in die Farbe oder Tusche getaucht werden und dann entweder gut ausgeschüttelt oder auf einem saugfähigen Papier oder Tuch abgetupft werden (Vorsicht! Die Farbe kann weit spritzen.) Etwas Feuchtigkeit muß natürlich übrig bleiben, sonst entsteht keine Spur. Die Art der Pinselspur hängt von dem benutzten Pinsel und dem Grad der Feuchtigkeit der in ihm gespeicherten Farbe ab. In diesem Beispiel hat der Künstler trockene Pinselstriche gesetzt, die von fast unsichtbaren bis zu zwei kräftigen, kühnen Linien reichen. Das durch die Pinselstriche scheinende Papier gibt eine schöne Textur.

Mit einem runden Marderhaarpinsel Nr. 8 und brauner Tusche wurde eine Vielfalt gerader und gebogener Pinselspuren erzeugt, ganz nach eingesetztem Druck auf die Pinselspitze. Dabei traten einige interessante Zufallsformen auf, wie die „Federspitzen" links im Bild, wo der Pinsel in einer schnellen Bewegung das Papier kaum berührt hat.

Mit einem runden Marderhaarpinsel Nr. 9 hat der Künstler verschiedene Techniken ausprobiert: Je nach eingesetztem Pinseldruck können dicke oder dünne Linien in einem fortlaufenden Strich gemacht werden oder auch Flecken und Punkte von verschiedener Größe und Kräftigkeit. Ein fast trockener Pinsel ergibt eine wirkungsvolle Struktur, wie in den gebogenen Strichen im unteren Teil der Zeichnung zu sehen ist. Die Abbildung zeigt eine große Vielfalt von Pinselspuren.

Der Pinsel ist ein äußerst vielseitiges Zeicheninstrument. Mit spitzen Rundpinseln sollte man feine, sensible Linien zeichnen. Zunehmender Druck und mehr Farbe oder Tusche im Pinsel ermöglichen die schnelle Anlage ziemlich großer Flächen. Nachdem die Hauptlinien der Figur in Aquarell angelegt wurden, legt der Künstler mit dem gleichen Marderhaarpinsel Nr. 4 das Haar, das Gesicht und die Bluse an. Vor jedem neuen Farbauftrag muß der Pinsel natürlich gut ausgewaschen werden.

Dies ist im Grunde eine Zeichnung mit Linien und Lavierungen, bei der ein runder Marderhaarpinsel Nr. 4 und verdünnte Tusche verwendet wurden. Die Hauptlinien des Kleides, die Haltung des Kopfes und die Gesichtszüge mit der Spitze des Pinsels sind zuerst angelegt worden. Dann wurden mit mehr Druck auf den Pinsel die schattigen Teile eingesetzt.

Schließlich fügte der Zeichner mit der Pinselspitze zusätzliche Details, wie das Muster des Kleides, in die Komposition ein.

Pointillismus

Pointillismus oder Divisionismus ist ein im 19. Jahrhundert von den französischen Künstlern Seurat (1859–91) und Signac (1863-1935) entwickeltes Ausdrucksmittel der Kunst. Es gründete auf neu entdeckten wissenschaftlichen Theorien der Wahrnehmung und Farbtheorie der Zeit. Das grundlegende Prinzip ist die sogenannte „optische Mischung". Dies ist die Verschmelzung kleiner farbiger Punkte bei der Betrachtung des Gemäldes aus einiger Entfernung. Blaue und gelbe Punkte zum Beispiel, die nahe betrachtet deutlich unterschieden werden können, verschmelzen in einiger Entfernung zu einer grünen Fläche. Diese Methode schafft eine Vibration im Auge, die mit von vorneherein gemischten Farben kaum zu erreichen wäre.
Im Zusammenhang mit Zeichentechniken kann der Pointillismus mit jedem Farbmittel ausprobiert werden, mit Pastellkreiden, Aquarellfarben oder farbigen Filzstiften. Mit einer tüpfelnden Technik bekommt man die besten Ergebnisse. Auch mit schwarzen Stiften können in der gleichen Weise leuchtende Flächen erzielt werden, wie es Seurats Contékreidezeichnungen zeigen. Je nach Größe der schwarzen Punkte ergeben sich graue Töne verschiedener Helligkeitsgrade.

Pointillismus auf getöntem Papier

1. Mit einem zugespitzten weichen Pastellstift fügt der Künstler zinnoberrote Punkte einem Muster gelber Punkte hinzu.

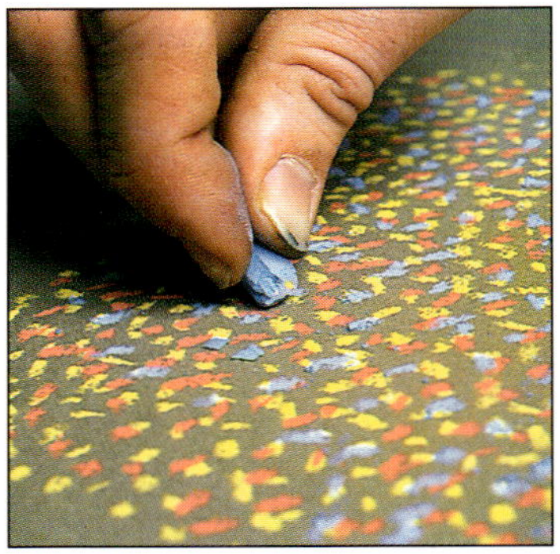

2. Nun kommen noch Punkte einer dritten Farbe, nämlich Blau, hinzu. Da jeder Farbpunkt einzeln gesetzt ist, ermöglicht diese Technik auch die Erprobung verschiedener Farben auf jeweils anders getöntem Papier. Die grüne Färbung des Papiers dient hier als einheitlicher Hintergrund, gegen den die vibrierenden Pastellfarben zu schwingen scheinen.

Dieses Porträt wurde aus verschieden großen und intensiven Punkten mit einem 5 B Bleistift gebildet. Es zeigt auch die grundlegende Punktiermanier, in der die meisten pointillistischen Bilder gemalt worden sind.

In einer bestimmten Entfernung werden kleine Flecken verschiedener Farbwerte, aber gleicher Helligkeit vom Betrachter als eine einzige Farbe wahrgenommen. Dieses Blumenstilleben zeigt die vibrierende Wirkung dieser Methode.

Punktieren

In dieser Zeichentechnik wird ein Bild aus nur Punkten zusammengesetzt. Eine dichte Gruppierung kleiner schwarzer Punkte wird aus einiger Entfernung als ein grauer Fleck gesehen. Durch Veränderung der Punktgröße und des Punktabstands, ihrer Streuungsdichte, erhält man eine ganze Skala von Tonwerten. Diese Technik wurde oft in Radierungen für Halbtöne und sehr feine Linienzüge verwendet. Heute ist sie auch noch in der schwarzweißen Reproduktionstechnik üblich. Diese Illustrationen werden mit Bleistift, Feder oder besonders gerne mit dem Füllfederhalter gemacht, der besonders saubere Punkte gleicher Größe erzeugt. Die Federn sind auswechselbar und in verschiedenen Größen lieferbar. Eine andere Möglichkeit bietet die elektrisch angetriebene Punktierfeder, die eine vibrierende, punkterzeugende Spitze besitzt.
Das Punktieren muß jedoch nicht rein mechanisch erfolgen. Man kann mit einem Pinsel oder einer Contékreide alle mögliche Arten und Größen von Punkten machen. Für die pointillistische Farbmischung benötigt man farbige Punkte. Dazu braucht man einen steifen Borstenpinsel. Es reicht aber auch eine alte Zahnbürste aus, die in die Tusche getaucht wird.

Filzstifte eignen sich sehr gut für das Punktieren, da eine Vielfalt von Punkten je nach ausgeübtem Druck geschaffen werden kann. Hier wird ein schwarzer Faserschreiber benutzt.

Eine altmodische Zeichenfeder gibt sehr schöne, verschiedenartige Punkte und Flecken ab.

Große Punktflecken können mit der Pipette eines Tuschglases aufgetropft werden. Die schwarze Tusche wird hier über eine Lage von Fingerspuren mit brauner Tusche getropft. Auch Fingerabdrucke mit Tusche geben sehr schöne unregelmäßige Punkttexturen. Eine andere Möglichkeit ist das Stupfen mit einem groben Anstreicherpinsel.

Mit einer sehr kontrollierten Punktiertechnik in feinen, schwarzen Punkten erhält man sehr feine Helldunkelübergänge. Das Fell dieses Kaninchens verbindet Punktiertechnik mit kurzen, gebrochenen Linien. Eine sorgfältige Kontrolle der Punktdichte ergibt im Inneren der Ohren eine ganze Skala von hellen Grautönen.

Die zwei naturkundlichen Abbildungen oben wurden in einer Punktiertechnik mit Tusche ausgeführt. Beachten Sie, wie die punktierten Flecken auf der Unterseite des Froschmauls die Textur der Haut wiedergeben. In der unteren Zeichnung wurde an manchen Stellen das Weiß des Papiers als stärkste Lichthöhung auf dem glänzenden schwarzen Panzer stehen gelassen.

Polieren

Diese Technik findet vor allem bei farbigen Stiften Verwendung. Nachdem die Farben auf dem Papier angelegt wurden, werden sie mit einem Torchon (Wischer) verrieben. Abgesehen von dem dabei auftretenden Farbenverlauf, macht dieser Vorgang die Pigmente der Farbe feiner und erzeugt ein glatt poliertes Aussehen. Wenn man verschiedene Farben Schicht für Schicht überlagert und jede einzelne in dieser Weise glatt poliert, kann eine sehr glatte, marmorähnliche Oberfläche geschaffen werden. Oft wird ein weißer Stift über eine andere Farbe poliert, um einen gedämpften Farbton zu erhalten.

Auch Pastellfarben können poliert werden, brauchen aber nach jeder Farbschicht eine Fixierung. Versuchen Sie auch einmal mit einem Radiergummi oder dem Rücken eines Löffels Farben zu vermischen und glatt zu polieren.

Seien Sie aber beim Polieren vorsichtig, denn sehr schnell kann das Papier unter dem notwendigen festen Druck reißen.

Ein Wischer aus festem Papier ermöglicht die Anwendung eines festen Druckes. Mit der Spitze kann man auch kleine Flächen sorgfältig polieren. Hier wird Blau zu einem helleren, glatteren Farbton poliert.

Eine Lage Magenta wird mit einem weißen Stift poliert. Das ergibt einen kleinen Streifen in einem helleren Ton. Die Ausgangsfarbe wirkt weicher und weniger intensiv.

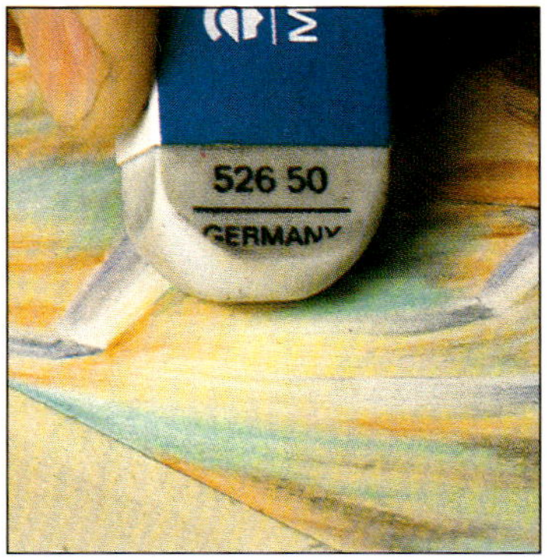

Auch ein dicker Plastikradierer ist ein gutes Poliermittel. Hier werden grüne, gelbe und orangene Striche vermischt und in den Übergängen weicher gestaltet.

Eine rote Farbschattierung über einer gelben Fläche wurde mit einem weißen Stift poliert. Durch den Druck vermischen sich die Farben zu einem weichen Orangeton.

Schabtechnik

Ein Schabkarton ist ein weicher weißer Karton mit einem Tuschüberzug, aus dem mit einem scharfen Instrument Muster herausgeschabt werden können. Die dafür notwendigen Spezialwerkzeuge können feine wie auch breite Linien herausarbeiten. Für den Anfang reichen einige Schneidemesser, Nägel und Klingen, die man sicher in jedem Haushalt findet. Eine Schneideklinge (Bastelmesser) ist nicht nur zum Zerschneiden der Kartons nützlich, sondern auch für das Einritzen und Schaben am Karton. Probieren Sie auch einmal ein zerbrochenes Blatt einer Laubsäge aus, um Schraffuren oder Kreuzschraffuren zu machen. Sie können wirklich mit allem probieren, was zum Kratzen und Schaben geeignet ist. Die fertige Zeichnung in Schabtechnik sieht wie das Negativ einer Radierung oder eines Holzschnitts aus. Schabkartons kann man in vielen Farben oder auch ganz ohne Farbe kaufen. Verwenden Sie bei der Selbstherstellung eines Schabkartons wasserfeste Tusche, die eine glatte Oberfläche ergibt. Legen Sie die Tusche in mehreren Schichten an und lassen Sie jede Schicht gut durchtrocknen. Schabkunsttechnik ist sowohl im Hobbybereich wie für künstlerische Zwecke immer sehr beliebt gewesen.

Mit der Spitze eines Schneidemessers wurden diese Zeichen gemacht. Die Klinge muß nicht rasiermesserscharf sein, besser ist sogar eine etwas stumpfere.

Alle Sorten von Nägeln können für diese Technik verwendet werden, solange sie leicht über den Karton gehen und feine Linien erzeugen.

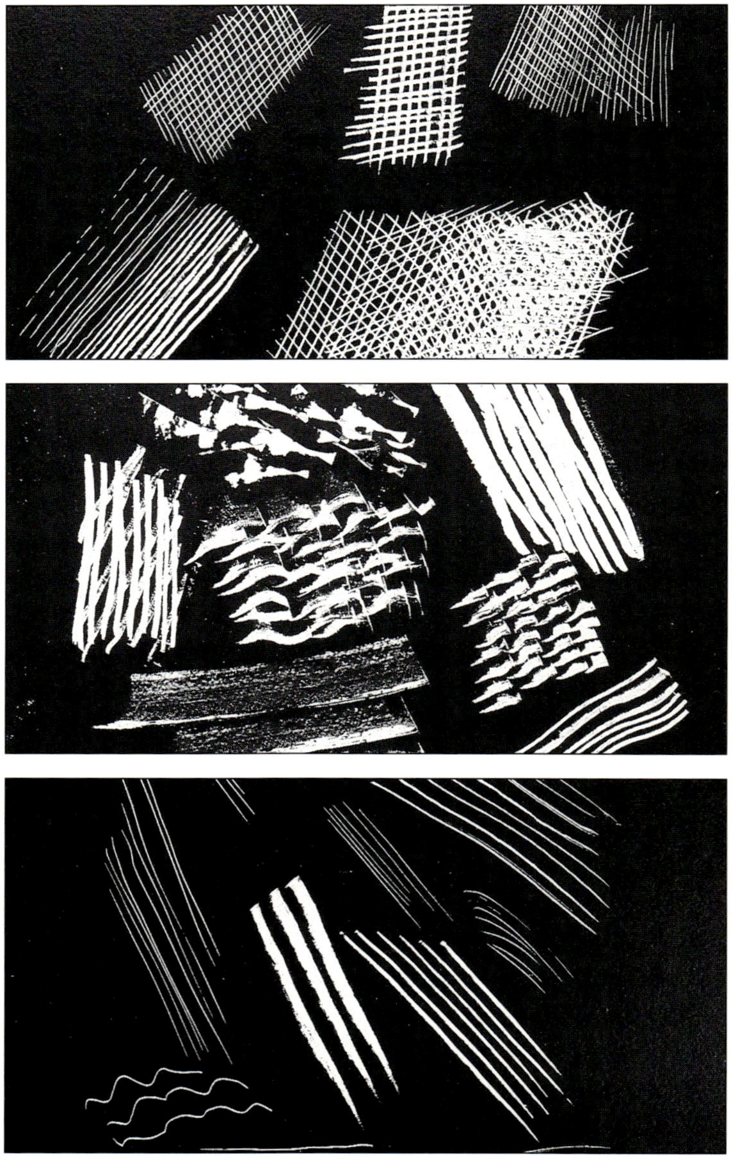

Schabtechnik kann mit einer negativen Tuschzeichnung verglichen werden: Statt schwarzer Linien werden jetzt weiße erzeugt. Wie bei einer Federzeichnung sind die Schraffur- und Kreuzschraffurtechniken hierfür am besten geeignet. Sie können Linienbündel verschiedener Dichte verwenden oder Spuren mit dem Bastelmesser eingekratzen. Wird die Klinge leicht und schnell über den Karton gezogen, ergeben sich Halbtöne. Je nach gewünschtem Effekt können Sie die Spitze oder die Kante der Klinge benutzen.

Die Schabkunst eignet sich gut für Darstellungen zur Illustration von Zeitschriften und Büchern, denn das kräftige Schwarz-Weißbild ist leicht zu reproduzieren. Das oben gezeigte Motiv wurde für ein Kochbuch entworfen. Daher erklärt sich das Küchenbrett mit den Gemüsen vor der Landschaft. Der Künstler hat die schöpferischen Möglichkeiten dieser Technik voll ausgenutzt, indem er verschiedene Strukturen und Muster kontrastreich zusammengestellt hat. Der schwarze Tuschüberzug wurde im weiteren Umkreis des Motivs völlig entfernt, um rund um die Komposition einen Lichtkreis zu bilden.

Verglichen mit der dekorativen Zeichnung oben, soll die Abbildung links die Vorgehensweise beim Umsetzen eines solchen Motivs erläutern. Die einfachen Schalen wurden in großen Schwarz-Weißflächen angelegt. Kreuzschraffuren ergaben Zwischentöne und deuteten die Rundung der Formen an. Der Hintergrund wurde ganz von der Tusche freigelegt, bis auf einige stehengebliebene Striche, welche die Komposition beleben.

Schattieren

Schattieren bezieht sich nicht auf die linearen Elemente einer Zeichnung, sondern auf ihre Tonwerte, d.h. ihre Helldunkelwerte. Immer dann, wenn Licht auf einen Gegenstand fällt, muß man Schattierungen anlegen, um die im Schatten liegenden Teile anzugeben und ihnen eine feste Form zu geben. Man kann zwar Schattierungen auch mit Schraffuren und Kreuzschraffuren darstellen, doch werden eigentlich nichtlineare Methoden bevorzugt. Bleistifte oder Holzkohlestifte können mit ihrer Breitseite intensive, dunkle Flächen anlegen. Eine sensible Schattierung mit feinen Tonwertübergängen kann mehr ausdrücken als nur die Form des Gegenstandes. Sie kann auch das Auge mit der Illusion einer dreidimensionalen Realität vollkommen täuschen.

Schattieren mit Contékreide

1. Nach der Umrißzeichnung des Porträts auf getöntem Papier wurden mit einer schwarzen Contékreide die wichtigsten Gesichtszüge eingezeichnet.

2. Die Schattenzonen werden angelegt; diese schraffierten Linien bauen die Grundflächen des Gesichts auf.

3. Die Schattierung wird dann mit schwarzer Contékreide verstärkt. Mit dem Finger eingeriebene Töne und schraffierte Strichlagen ergeben sorgfältig abgestufte Tonwerte.

Eine Tonwertskala kann mit jeder Farbe angelegt werden. In diesem Beispiel ergibt die Schraffur eines mit verschiedenem Druck aufgelegten, orangenen Pastellstift eine abgestufte Tonwertskala.

Diese Stillebenskizze wurde mit einem Kugelschreiber gemacht. Verschiedene Arten von Schraffuren wurden verwendet, um die Hell-Dunkelflächen anzulegen.

Schraffieren

Schraffieren ist eine Möglichkeit des Abschattierens durch Verwendung engliegender, paralleler Linien, die entweder mit einem Lineal oder frei gezogen worden sind. Zur Erzielung verschiedener Tonwerte lassen sich sowohl die Breite und Intensität der Strichlagen sowie auch die Dichte der Linienbündel verändern. Beim Schraffieren einer Figur können die Linien zum Beispiel leicht gebogen gezogen werden und in ähnlicher Weise den Konturen folgen wie bei der Rundschraffur.

Beim Schraffieren darf man nicht versuchen, die Linien ineinander übergehen zu lassen. Das Freistehen der Linien ist für die Wirkung der Schraffur wesentlich. In der traditionellen Maltechnik wurde die Schraffur vor allem in der Temperamalerei verwendet, sowie in Tuschzeichnungen. Sie kann aber auch mit Pastellkreiden und anderen spitzen Zeichenmaterialien angewendet werden. Die gebrochene Erscheinungsweise der Schraffur kann aus einer gewissen Distanz eher den Eindruck einer vibrierenden Fläche erzeugen als gleichmäßig bedeckte Stellen. Wie bei der Kreuzschraffur sind auch hier Variationen wichtig. Probieren Sie daher verschiedene Materialien, Farben und Linienarten aus.

Mit Feder und Tusche kann man unglaublich viele Arten von Schraffuren machen. Die auswechselbaren Federn sind von ganz feinen bis zu sehr breiten Ausführungen erhältlich. Jede Feder ist bemerkenswert elastisch und reagiert sensibel auf Veränderungen im Druck. Die breiten Striche ganz rechts oben zeigen in ihrer Mitte eine weiße Spur, die dadurch entstanden ist, daß die Feder sich unter dem ausgeübten starken Druck auseinanderspreizte.

In diesem Beispiel wurde ein feiner Marderhaarpinsel und Tusche verwendet, um leicht gebogene, schraffierte Linien zu zeichnen. Der Pinsel ist ähnlich elastisch wie die Feder und ändert auf Druck oder Drehung leicht seinen Linienduktus, von ganz feinen Linien bis zu schweren, breiten. Das An- und Abschwellen der Linienstärke ergibt einen starken rhythmischen Effekt.

Durch die veränderte Dichte der frei schraffierten Linien erhält der Künstler hier eine abgestufte Tonwertskala. Abhängig von der Zeichenfeder sind verschiedene Texturen möglich.

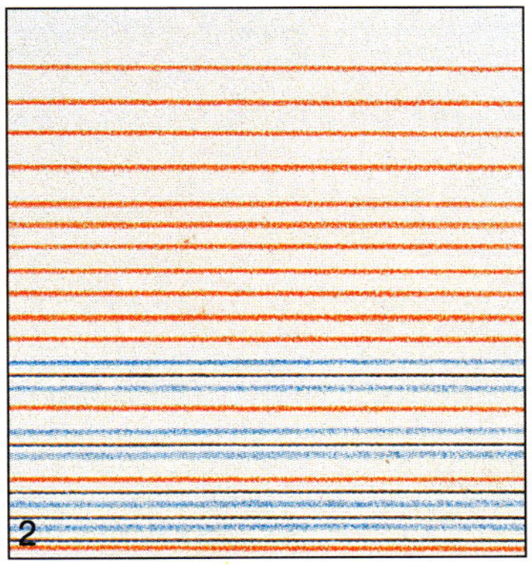

Mit einem Lineal lassen sich formalere Schraffuren aus streng parallel gezogenen Linien zeichnen. Beispiel 1 zeigt verschiedene Abstände von schwarzen, mit Tusche und Lineal gezogenen Linien. Beispiel 2 wurde mit verschieden farbigen Stiften gearbeitet. Zwischen ihnen wurden im unteren Bereich einige schwarze Tuschlinien gesetzt. Die weicheren Strichlagen von farbigen Filzstiften wurden für das Schraffieren mit Lineal im Beispiel 3 verwendet. Die eng gezeichneten Linien verschmelzen in einigem Abstand zu fein modulierten Farbtönen.

Diese Zeichnung des venezianischen Künstlers Canaletto aus dem 18. Jahrhundert führt Schraffuren in virtuoser Weise vor. Diagonale Schraffuren mit der Feder schaffen den Eindruck von Sonnenlicht, das auf die Piazza San Marco fällt. Eine so lebendige Schraffur kann einer sonst statischen Komposition den Eindruck von Bewegung verschaffen.
Auf diese Weise kann auch die Richtung der Lichtstrahlen oder sogar des fallenden Regens betont werden.

Rundschraffur (Formstriche)

Bei dieser Methode der Abschattierung verwendet man parallele Linien wie beim Schraffieren, doch folgen hier die Linienzüge der zu zeichnenden Form. Wenn man einen Gegenstand nur als Umriß zeichnet, ergibt das schnell eine harte Wirkung, ähnlich einem Stück ausgeschnittenen Karton. Um das zu vermeiden, muß man mit der Linienführung ebenfalls das Volumen der Form erfassen. Das läßt sich mit der Rundschraffur machen. Der große deutsche Künstler Dürer (1471–1528) war ein genialer Zeichner, der diese Technik erforschte. Viele andere, besonders Kupferstecher und Radierer, haben seither diese Schraffurtechnik eingesetzt. Die Schattierung wird durch eine Serie von parallelen Linien gegeben, die den Höhen und Tiefen des zu zeichnenden Gegenstandes folgen. Am besten sind dafür Bleistift oder Feder und Tusche geeignet. Manchmal werden auch Pastellkreiden und Kohlestifte genommen.
Diese Technik kommt auch ganz besonders Bildhauern beim Studium dreidimensionaler Formen entgegen. Eine Rundschraffur kann den Gegenstand leicht sehr schematisch wirken lassen, als ob er in Scheiben zerlegt worden wäre. Das können Sie verhindern, wenn Sie darauf achten, daß die Linien mal dicker, mal dünner sind und sich in verschiedenen Winkeln treffen. Sie können dies an den expressiven Zeichnungen von Henry Moore (1898–1985) gut beobachten.

Dieser Teil eines Astes wurde mit Holzkohle gezeichnet. Die Rundungen führen das Auge um die zylindrische Form und geben gleichzeitig Schatten und Licht an. Damit wird die Illusion einer dreidimensionalen Form geschaffen.

Für diese Astgabelung wurden Feder und Tusche verwendet. Die Verbindungen und Überschneidungen der elementaren, röhrenartigen Formen werden mit Hilfe der Rundschraffur verdeutlicht. Der veränderte Druck der Feder gibt auch die Schattierungen an.

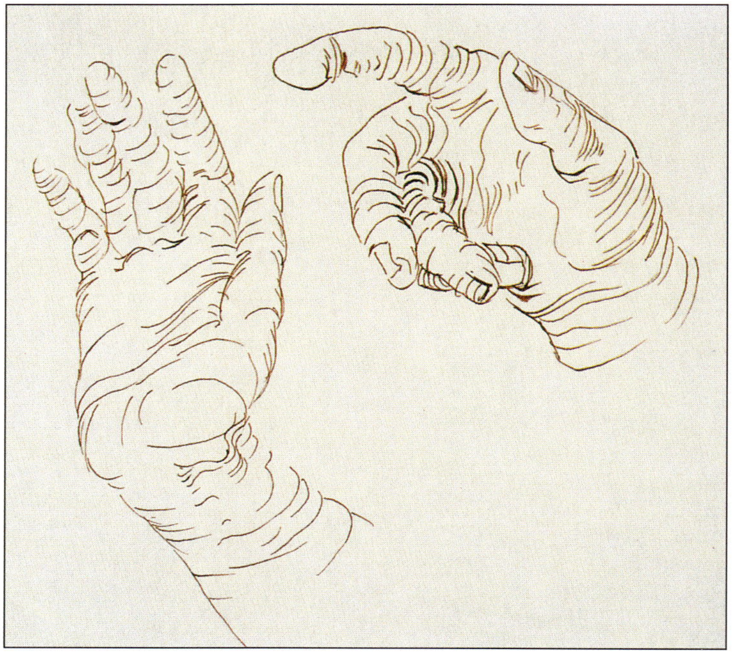

Wenn man die komplizierten Formen des menschlichen Körpers zeichnen will, stößt man auf besondere Schwierigkeiten. Die Rundschraffur geht hier den dreidimensionalen Eigenschaften der Form nach. Die Linien in Sepiatusche deuten zugleich Textur und Bewegung an.

Sfumato

Das italienische Wort „sfumato“ bedeutet im Deutschen soviel wie „rauchig, dunstig“. Auf die Zeichnung übertragen, bezieht sich dieser Begriff auf die Gestaltung sehr weicher Übergänge in den Tonwerten, wie zum Beispiel die nebligen Effekte in der Laviertechnik oder die sorgfältig verwischten Kohlezeichnungen. Leonardo da Vinci (1452–1519) betrachtete die Auflösung der Konturen und die Verwischung der Formübergänge als wichtigstes Kriterium, einer Zeichnung den Eindruck von Festigkeit zu geben. Die Entwicklung der Sfumatotechnik in der Zeichnung war eng mit der Entwicklung der Ölmalerei verknüpft. Die Öltechnik erlaubte dem Maler, die Farben leicht zu mischen und ganz weiche Übergänge zu bilden. Die Vorstudien eines Malers sind oft in einer Technik mit gleichen Eigenschaften ausgeführt. Holzkohle wird zum Beispiel deswegen gerne genommen, weil sie sich leicht verwischen und viele Tonwerte schaffen läßt.

Zeichenkohle ist das ideale Mittel für eine Sfumatozeichnung. Die nebligen Töne wurden hier durch Verwischen und Reiben der Holzkohle mit den Fingern gemacht. Vorder- und Hintergrund sind zu einem atmosphärischen Ganzen verbunden.

Diese aus den Schatten tauchende Figur wurde mit einem Radiergummi hergestellt, mit dem Teile der Zeichnung aus einer dicken Schicht Zeichenkohle entfernt wurden. Der Schlüssel für diese Art von Zeichnung ist das künstlerische Gespür. Das fast unsichtbare Gesicht regt die Phantasie des Betrachters an.

Sgraffito

Diese Technik (aus dem italienischen für „eingekratzt" abgeleitet) wird oft zur Verzierung von Gips- oder Keramikarbeiten verwendet. Ein Überzug von gefärbtem Gips wird eingekratzt, um eine darunterliegende, andersfarbige Gipsschicht freizulegen. Künstlern wie Dubuffet (1901–85) verwendeten diese Technik in neuerer Zeit. Dubuffet zeichnete durch eine aufgelegte Farbschicht, um eine andere darunter aufzudecken. Eine andere Möglichkeit ist, eine scharfes Instrument (das Ende eines Bürstenstiels, ein Messer oder einen Nagel) zu benutzen, um Linien in gefärbte Schichten einzukratzen und so das Weiß des Papiers wieder vorzuheben.
Sgraffito ist eine wirkungsvolle Technik in Verbindung mit Pastellkreideschichten. Weiche Pastellkreide wird mit einem Wischer zu einer starken, gleichmäßigen Fläche ins Papier eingerieben. Nachdem diese fixiert ist, wird eine zweite, dunkle Schicht darübergelegt, aber nicht eingerieben. Nun kann man durch die dunkle Schicht kratzen und die darunterliegende Farbe sichtbar machen. Versuchen Sie auch einmal auf farbigem Papier zu arbeiten, oder über eine Tusche- oder Aquarellavierung zu kratzen, die mit Ölkreide beschichtet wurde.

Sgraffito mit einem Schneidemesser

1. Mit einem gelben Pastellstift wird ein großer Farbfleck ins Papier gerieben. Überschüssiger Staub wird weggeblasen, das Ergebnis mit Fixativ besprüht.

2. Nachdem das Fixativ trocken ist, wird ein schwarzer Pastellstift quer darübergestrichen. Mit ausreichendem Druck wird eine einheitliche Abdeckung geschaffen. Auch dann wird fixiert.

3. Nun kann die schwarze Schicht mit einem Schneidemesser eingekratzt und so eine gelbe Linie aufgedeckt werden.

Verschiedene farbige Pastellstifte wurden in diesem Beispiel ins Papier gerieben. Die eingekratzte Linie zeigt nun immer neue Farbtöne.

Skizzieren

Mit Skizzieren meint man gewöhnlich flüchtige Zeichnungen oder schnelle Studien, die zur Vorbereitung einer größeren Arbeit dienen. Manchmal nennt man sie auch „Arbeitszeichnungen", da sie zum Arbeitsprozeß einer Skulptur oder eines Gemäldes gehören. Es gab Zeiten, in denen solche Skizzen außer zur Vorbereitung keinen Wert an sich hatten und daher nach Beendigung der Arbeit weggeworfen wurden.

Skizzen sind sicher nicht immer für eine Ausstellung gedacht, da sie die künstlerische Idee oft nur im Rohzustand enthalten. Seit der Renaissance wurde die Skizze jedoch zunehmend höher bewertet, als eigenständiges Kunstwerk, da sich in ihr das Genie des Künstlers am direktesten auszudrücken vermochte. Künstler verwenden oft „Stenomethoden" für ihre Skizzen, da die Zeit für eine ausführliche Studie fehlt. So etwas passiert leicht, wenn Sie in einer belebten Straße arbeiten wollen, in einem Restaurant oder eine Landschaft vor sich haben, bei der sich das Wetter sehr schnell ändern kann.

Schriftliche Notizen können die Farb- oder Tonwertskizzen sinnvoll ergänzen, um später im Atelier das Gemälde oder die Zeichnung vollenden zu können. Für diese Zwecke sind billige Skizzenbücher erhältlich, einige mit Spiralbindung, andere praktischere mit fester Bindung und Einband. Solche Bücher können überallhin mitgenommen werden und enthalten bald eine Fundgrube wichtiger Informationen und Ideen. Der englische Maler Hogarth (1697–1764) soll eine Skizze auf seinen Daumennagel gemacht haben, weil er gerade kein Papier zur Hand hatte. Seitdem nennt man jede schnelle Zeichnung, um die Grundelemente eines Motivs zu erfassen im englischen „thumbnail sketch" (= Daumennagelskizze).

Um eine sich bewegende Figur zu zeichnen, braucht man ein geschmeidiges Zeichenmaterial, das schnell und ausdrucksstark reagiert. Für diese zwei lebendigen Skizzen wurde Tusche und Feder benutzt. Viele Künstler verwenden solche Bücher, um sich „aufzuwärmen", bevor sie an detaillierte Studien gehen.

Der sehr intime Charakter solcher Skizzenbücher kann oft sehr viel über den Künstler offenbaren, sowohl was seinen Stil betrifft wie auch die Inhalte. Das hier aufgeschlagene Skizzenbuch zeigt einige lebhafte Bleistiftskizzen eines Geigenspielers. Form und Position des Kopfes und die wechselnden Gesichtsausdrücke wurden schnell mit wenigen Konturlinien und Schraffuren studiert. Auf dem rechten Blatt wird der Kopf des Musikers mit der Haltung der Geige und seinem Rumpf mit schnellen Umrißlinien in Beziehung gesetzt.

Die genaue Detailzeichnung in diesem Skizzenbuch ist ein großer Gegensatz zu den vorhergegangenen Skizzen. Das Buch trägt hier eine Menge an detaillierten Informationen zusammen. Nur mit dem Bleistift ist die wunderbare Vielfalt von Formen und Strukturen in diesem Zimmer voller kleiner Ornamente erfaßt worden.

Skizzenbücher können leicht an Orte geschmuggelt werden, an denen ein großes Zeichenbrett oder eine Staffelei entweder zu unpraktisch oder sogar verboten sind. Was gibt es für eine bessere Gelegenheit als während einer Busfahrt zu zeichnen? Mit dem Bleistift wurden die Umrisse und die weichen Tonwerte in dieser Zeichnung gemacht.

Insbesondere vor Erfindung der Fotografie nahmen Künstler ihre Skizzenbücher in alle Winkel der Welt mit. Auch heute werden Skizzenbücher auf Reisen mitgenommen und dienen als visuelles Tagebuch. Zeichnungen durchdringen den Charakter eines Ortes viel mehr als ein Schnappschuß. Diese Tuschzeichnung eines stürmischen Tages in Venedig wurde anschließend mit Aquarell ausgemalt.

Strukturen

In der Pastelltechnik ist der strukturierte Farbauftrag ein wirksames Mittel. Punkte und Striche verschiedener Farben können gegenübergestellt werden. Eine durchgehende Farbfläche kann durch Auftragen von Strichen einer anderen Farbe belebt werden. Man kann diesen Farbeffekt noch durch die Verwendung eines getönten Papiers verstärken, das an einigen Stellen durch die Farbschichten scheint.
In einer einfarbigen Zeichnung kann eine große, einförmige Fläche dadurch belebt werden, daß man sie mit einer anderen Farbe „bricht" oder indem man die Oberflächenstruktur des Papiers mit einbezieht.
Man sollte nicht immer die gesamte Fläche des Papiers ausfüllen. Läßt man an einigen Stellen das weiße Papier herausblitzen, so kann das die Einheit der Zeichnung unterstützen. Der weiße Farbton des Papiers reflektiert das einfallende Licht und verstärkt somit die Leuchtkraft und Frische des Bildes.

Strukturen mit kurzen Strichen

1. Ein blauer Pastellstift wird in kurzen, freien Strichen aufgetragen. In diese lockere Zeichenstruktur werden gelbe Zeichen in ähnlichem Muster eingesetzt, bis sich eine strukturierte Fläche ergibt. Es sind nur kleine Kürzel, die sich aus der natürlichen Bewegung der Hand ergeben.

2. Mit ähnlich freien Zeichenspuren wie im Beispiel 1 wird nun eine dritte Farbe eingeführt und die strukturierte Farbfläche damit vollendet. Das Ziel dieser Übung ist der Eindruck von Spontaneität. Deshalb sollten die Farben schnell und sicher gesetzt werden und auch nicht miteinander vermischt werden.

3. Hier sehen Sie die fertige strukturierte Farbfläche. Die Vielfalt der Zeichen und der gegenübergestellten Farbtöne gibt den Eindruck großer Bewegtheit wieder.

Strukturieren durch Frottage

1. Es gibt viele Möglichkeiten, farbige Strukturen zu erzeugen, so daß zwei oder mehr Farben sich gegenseitig durchdringen. Eine davon ist die Frottage. Dabei wird das Papier auf eine strukturierte Unterlage gedrückt und dann das jeweilige Farbmittel aufgetragen. Hier hat der Künstler einen gelben Pastellstift verwendet und das Papier gegen ein Stück rauhen Metalls gedrückt.

2. Das Papier wurde leicht verschoben und dann mit einem roten Stift bearbeitet. Im Ergebnis entsteht ein ähnliches Muster wie im ersten Fall, doch in anderer Verteilung.

3. Die gleiche Prozedur wird diesmal mit Grün wiederholt. Man könnte noch mehr Farben hinzufügen, doch würde dann die vibrierende Wirkung verlorengehen. Die ausgesuchte Struktur war offen genug, um jede einzelne Farbe deutlich zum Vorschein zu bringen.

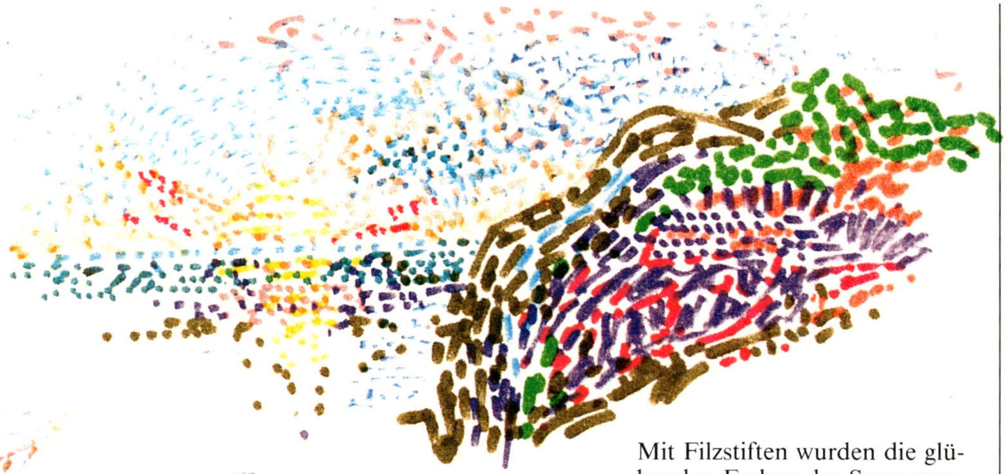

Mit Filzstiften wurden die glühenden Farben des Sonnenuntergangs am Horizont und seiner Spiegelung im Meer eingefangen. Durch den Einsatz von farbigen Strukturen kann selbst eine begrenzte Farbauswahl interessant gemacht werden.

Mit farbigen Wachskreiden wurde dieses Bild durch sich überlagernde, geometrische Formen in einer Verbindung von schraffierten Linien und Punkten gezeichnet.

Für dieses Experiment mit farbigen Strukturen wurden eine Menge farbiger Pastellkreiden verwendet. Sobald die Punkte und Markierungen klein genug werden, findet die sogenannte „Optische Mischung" statt.

Wachstechnik

Wachs stößt Wasser ab. Dieses einfache Prinzip kann mit einer Tusch- oder Aquarellzeichnung kombiniert werden. Zeichnen Sie mit einer Kerze ein „unsichtbares“ Bild auf ein Blatt weißes Papier. Nach einer Tusch- oder Aquarellavierung erscheint die Wachszeichnung als weiße Linie. Getöntes Papier ergibt auf diese Weise eine farbige Linie. Noch raffinierter ist eine Vorzeichnung mit farbigen Öl- oder Wachskreiden.
Wenn Sie ein Blatt Papier auf eine rauhe Oberläche legen und dann mit einer Kerze durchreiben, erhalten Sie in dieser Frottagetechnik nach dem Anlegen einer Lavierung interessante Texturen. Mit der Breitseite einer Wachskreide angelegte Flächen ergeben nach dem Auftragen einer Aquarell- oder Tuschlavierung breite Texturen. Diese Wachstechnik können Sie in einer lavierten Zeichnung für die Darstellung von Himmel oder Gebäuden verwenden.
Das Wachs können Sie nach dem Trocknen der Lavierung mit einer Rasierklinge vorsichtig abkratzen. Besser geht es mit einem heißen Bügeleisen. Legen Sie Zeitungspapier über die Zeichnung und gehen Sie einige Male mit dem Bügeleisen darüber.

Wirbelnde Linien und Sterne sind aus einer Wachszeichnung hervorgegangen, die mit einer Tuschlavierung kombiniert wurde. Wachszeichnungen können sehr wirkungsvoll sein, aber auch problematisch, weil man die weißen Linien nicht eher sieht, bis die Lavierung getrocknet ist. Um „feinere“ Wirkungen zu erzielen kann man die kleinen Geburtstagskerzen nehmen.

Eine Kombination von farbigen Wachskreiden und einer gewöhnlichen weißen Kerze sowie eine anschließende Tuschlavierung ergab diese feine Textur.

Wischtechniken

Zur Erzielung eines allmählichen Übergangs von Hell nach Dunkel oder von einer Farbe in eine andere können verschiedene Wischtechniken angewendet werden. Die tiefen Tonwerte einer Kohlezeichnung können durch leichtes Reiben mit der Fingerspitze erzielt werden. Diese Wischtechnik (auch Schummern genannt) eignet sich auch für Bleistift, Conté- und Pastellkreide. Ein „Torchon" (wörtlich ein „Stück gedrehtes Papier", auch „Tortillon" genannt) aus dicht gewickeltem Papier kann mit Sandpapier gespitzt werden und eignet sich besonders gut für weiche oder abgestufte Verläufe mit Pastellkreide. Probieren Sie einmal einen weichen Radiergummi für die Übergänge mit dem Farbstift.

Für eine Zeichnung mit Aquarell oder Tusche sind verschiedene Techniken nötig. Lavierungen kann man dadurch verlaufen lassen, daß man im nassen Zustand den dunklen Farbton an den hellen anschließen und das Wasser für sich arbeiten läßt. Dieses Verfließen nasser Farbtöne entzieht sich leicht der Kontrolle. Das Geheimnis liegt darin, den richtigen Grad an Feuchtigkeit zu halten, damit nur die Kanten der entsprechenden Farbflächen verlaufen und nicht alles unkontrolliert zusammenfließt.

Weiche Übergänge können die subtilen Wirkungen von Falten in Samt oder auch von harten Maschinenteilen schaffen. In einer Landschaft können sie dunstige Atmosphären geben. Sie sollten diese Technik aber nicht übertreiben. Man muß ja nicht alle Übergänge im Tonwert oder im Farbton verlaufen lassen.

Es gibt zwei grundsätzliche Möglichkeiten des Verwischens von verschiedenen Farbtönen oder Tonwerten. Die eine besteht in der sorgfältigen Schattierung von Flächen, die ineinander übergehen sollen, die andere in einer gröberen Schattierung und dem anschließenden Verwischen. Der Künstler wischt hier mit einem Torchon über eine Bleistiftschattierung. Diese Technik ist besonders für kleine Flächen geeignet.

Der Künstler verwischt Strichlagen einer Contékreide mit einem Torchon. Bei dieser Methode bleibt die Zeichenhand sauber. Der Künstler hat größere Kontrolle und läuft weniger Gefahr, das gewünschte Ergebnis zu verderben. Auf diese Weise wird eine schattierte Fläche aus Contéschraffuren viel dunkler.

Anlegen weicher Übergänge

1. Mit einem gelben wasserlöslichen Farbstift wird eine dichte Fläche angelegt. Dann wird daran eine rote Aquarellavierung angesetzt.

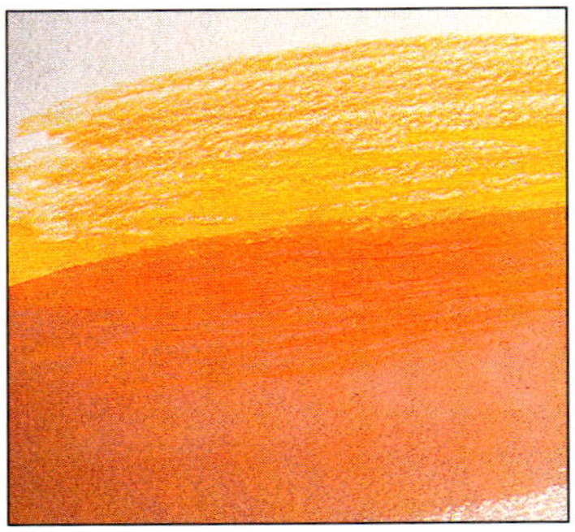

2. Vor dem Abtrocknen der roten Lavierung wird mit dem gelben Stift hineingezeichnet. Dadurch entsteht eine orangene Fläche.

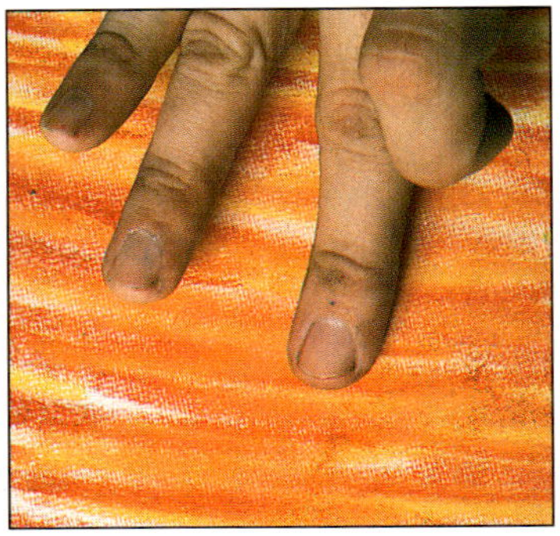

Mit dem Finger lassen sich Pastellstriche gut verwischen, da der nötige Druck sehr genau kontrolliert werden kann. Sehr feine Sfumatowirkungen sind genauso möglich wie großzügiges Verstreichen und Farbverläufe. Rote und gelbe Striche werden hier zu einem Orangeton verrieben.

Mit einem weichen blauen Pastellstift wird eine Fläche in breiten, abgesetzten Strichen angelegt und dann mit einem weichen Gummi verwischt. Diese Technik schafft einen schönen Gesamtton, wobei die Striche nicht ganz verschmelzen. Nur da wo sich verschiedene Farbflächen berühren, werden kleine Striche verwendet, um Flächen ineinander übergehen zu lassen.

Zufällige Zeichnung

Ungewöhnliche optische Wirkungen entstehen oft durch Zufall. Einige wie absichtslos gesetzte Flecken auf dem Papier können ihre Vorstellungskraft schon anregen, sich zum Beispiel ein Gesicht, einen Vogel oder eine Pflanze vorzustellen. Viele Künstler reagieren während des Zeichnens auf solche Zufälle und bereichern dadurch ihr Bild. Einige beliebige Striche mit einem Stück Zeichenkohle über einem rauhen Papier können zum Beispiel den Eindruck einer steinigen Mauer oder einer welligen Wiese wiedergeben. Natürlich kann solch eine Wirkung auch in einer Zeichnung auftauchen, in der sie nicht angebracht ist, beispielsweise der Eindruck einer Steinmauer beim Zeichnen eines lieben Gesichts. Wenn in diesem Fall die zufällig eingetretene Wirkung nicht gleich ausgenutzt werden kann, sollte man sie für andere passende Dinge als besondere Technik im Auge behalten.
Einige Künstler machen von diesen Zufällen noch stärkeren Gebrauch. Sie werden zu einem wichtigen Teil des Zeichenprozesses und dienen nicht nur zur Inspiration, sondern auch dazu, eine neue Arbeit anzuregen. Die Surrealisten verwendeten in den 30er Jahren den Zufall zur Anregung neuer Ideen für ihre Bilder. Eine ihrer interessanten Techniken bestand darin, ein Stück Papier über eine brennende Kerze zu halten. Der kohlenstoffhaltige Rauch erzeugte willkürliche Muster auf dem Papier, die dem Künstler als Ausgangspunkt für ungewöhnliche Bildmotive dienen konnten.

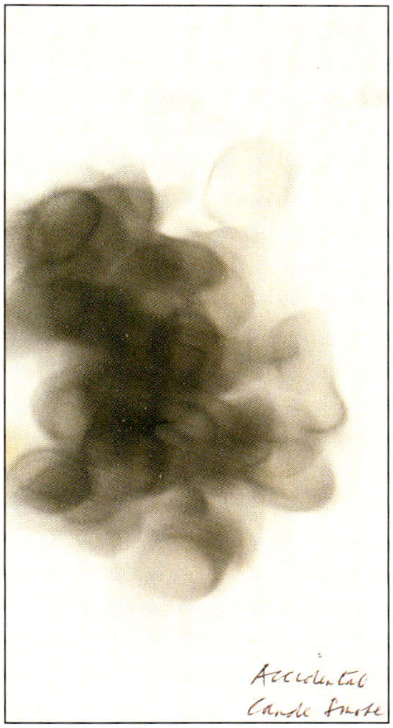

Zufallszeichnungen

1. Dies ist ein Bild, das durch Bewegen eines Blatt Papiers über einer brennenden Kerze entstanden ist. Natürlich muß man dabei darauf achten, daß das Papier kein Feuer fängt. Der Rauch schafft wundervoll weiche, ovale Formen, die für eine Zeichnung Verwendung finden können. Bevor man sie weiter bearbeitet, sollten die zarten Rauchspuren mit einem Kohlefixativ besprüht werden.

2. Nach sorgfältigem Studium der Rauchformen von allen Seiten, erschienen die dunstigen Formen dem Künstler wie sich auftürmende Wolkenbänke, die er durch eine schnelle Lavierung in eine Landschaft mit nebliger Atmosphäre verwandelte.

Motive und Details

Viele Leute meinen schon im voraus ganz genau zu wissen, was ein passendes Motiv sei. Sie, als aufgeschlossener Leser, sollten aber einmal alle vorgefaßten Meinungen außer acht lassen, wenn Sie die folgenden Themenbereiche anschauen. Alles und jedes kann nämlich die Inspiration anregen und – hat man einen Blick dafür entwickelt – zu einem spannenden Motiv werden. Henry Moore zeigt eindrucksvolle Darstellungen von Menschen, die während des 2. Weltkrieges Schutz in der U-Bahn suchten. L. S. Lowry hat gerade von den heruntergekommenen Straßen im industriellen Norden Englands wunderschöne atmosphärische Zeichnungen gemacht.

Dieser Teil des Buches will Ihnen dann auch zeigen, wie die im ersten Teil beschriebenen Techniken beim Zeichnen vieler beliebter Motive verwendet werden können. Die meisten Motive sind gut zugänglich. Einige müssen im Atelier gezeichnet werden, andere wiederum vor Ort. Alle abgebildeten Beispiele sind als Hilfe gedacht, Sie solche Motive entdecken zu lassen, die Sie sonst vielleicht nie ins Auge gefaßt hätten.

Zu jeder Themenstellung gibt es eine Einführung, in der die Besonderheiten, die mit den angeführten Motiven verbunden sind, angesprochen werden. Es geht zum Beispiel darum, wie man ein Modell stehen läßt oder wie man für eine Architekturzeichnung nach Fotos arbeiten kann. Immer liegt die Betonung dabei auf den experimentellen Techniken. Sie zeigen Ihnen, wie sich bei der Verwendung verschiedener oder neuer Materialien in einer Zeichnung nicht nur das Bild selbst, sondern auch die künstlerische Wahrnehmung verändert.

Über die Ausbildung von Künstlern gibt es viele Theorien. Einige Kunsterzieher meinen, daß die Studenten solange mit dem Bleistift zeichnen sollen, bis sie eine gewisse Virtuosität erreicht haben. Ich dagegen vertrete die Ansicht, daß Zeichnen wie auch Malen eine Form neuen Sehens ist und deshalb gerade Materialien und Techniken die Vorstellungskraft anregen können. Sie helfen bei der Ideenfindung und verhindern eine allzu routinierte Vorgehensweise. Alle angehenden Künstler müssen erst einmal ihre Fähigkeiten entwickeln, neue Techniken in ihre Vorstellung einzubeziehen, um sie in einem möglichst breiten Spektrum von Motiven anwenden zu können. Sie sollten auch für das, was unbeabsichtigt in Ihren Zeichnungen passiert, empfänglich sein und den Zufall in die Gesamtkomposition miteinbeziehen. Jeder kann seine Fähigkeit entwickeln, in einem Motiv etwas ganz Besonderes und Bedeutungsvolles zu entdecken, und diese Möglichkeit, das Sehen zu sensibilisieren, läßt jeden Menschen zu einer Art Künstler werden.

Architektur

Die Umgebung in der Künstler wohnen hat sie immer schon zu Zeichnungen angeregt. Schon die prähistorischen Menschen hinterließen Aufzeichnungen ihrer Heimstatt. Die frühesten wiedererkennbaren Zeichnungen von Häusern tauchen aber erst im Hintergrund illuminierter Manuskripte auf. Manchmal zeigen diese Zeichnungen irdische Orte, weit öfter aber phantastische Städtelandschaften, die den Himmel als Stätte der herrlichen Kathedralen und wunderschönen Paläste zeigen. Viele wichtigen Bauten, die schon lange zerstört sind, sind uns nur durch ihre Zeichnungen bekannt.

Die Stadtansichten des Mittelalters waren oft als Städteführer gedacht und geben auf eindrucksvolle Weise die Lage der Handelszentren, Wohnviertel und der allgemeinen Stadtplanung einer Zeit wieder, in der Dörfer zu Städten eingemeindet wurden.

Die Entwicklung der Perspektive ermöglichte schließlich, die Größe und den richtigen Maßstab von Gebäuden wiederzugeben und eine Architekturszene noch realistischer darzustellen. Die Renaissancekünstler zeigten große Geschicklichkeit in der perspektivischen Darstellung verzwickter architektonischer Konstruktionen, doch blieben diese Motive vor allem auf den Hintergrund ihrer Bilder beschränkt. Erst im 19. Jahrhundert wurde dann die Architekturzeichnung zu einem allgemein anerkannten und beliebten Thema der Kunst.

Die barocken Allegorien und Architekturvisionen von Piranesi (1720–78) dienten vielleicht sogar als Ausgangspunkt für eine realistischere und genauere Darstellung der zeitgenössischen Umgebung von Künstlern, wie z. B. bei Hogarth (1697–1764). Zur Zeit der Impressionisten waren Künstler wie Pissarro (1831–1903) fasziniert von den großen Städten. Paris oder andere Metropolen schilderten sie in Zeichnungen und Gemälden. Die Werke von Edward Hopper (1882–1967) beschwören dagegen das gewöhnliche Leben oder auch das städtische Nachtleben Amerikas in seiner trivialsten Form. Die Zeichnungen von L. S. Lowry (1887–1976) zeigen den industriellen Norden von England als merkwürdige, nebelverhangene Stadtszenerie, belebt durch lauter kleinen Figuren. Die Gemälde europäischer Städte von Kokoschka (1886–1980) zeigen aus sehr hohen Blickwinkeln die rastlose Energie, die die Dynamik einer modernen Metropole charakterisiert.

Wie man den richtigen Blickwinkel findet

Kokoschkas Bilder aus der Vogelperspektive wurden aus Fenstern sehr hoher Gebäude gemacht. Fensterausblicke bieten sehr günstige Ausgangspunkte für eine Architekturzeichnung. Es gibt ja viele öffentliche Gebäude, zum Beispiel Museen, in denen man zeichnen kann. Die Hauptschwierigkeit ist sicher, einen geeigneten Platz zum Zeichnen zu finden. Versuchen Sie doch mal vom Marienplatz in München aus zu zeichnen oder vom Königsplatz in Stuttgart. Dann müssen Sie sich entscheiden, ob Sie vor Ort zeichnen wollen oder nach Skizzen oder Fotos.

Wenn man nach der Natur arbeitet, erzielt man die besten Ergebnisse. Von Fotos zu arbeiten kann sich als schwierig herausstellen, denn sie enthalten nicht die für eine Zeichnung nötigen Informationen. Wenn Sie eine Straßenansicht wiedergeben wollen, müssen Sie schon sehr früh aufstehen, damit Ihre Sicht nicht bald von Autos und Fußgängern verstellt ist. Oft ist es im dichten Verkehr der heutigen Städte schwierig, weit genug von den Gebäuden stehen zu können, um sie aus einem bestimmten Blickwinkel zu erfassen. Wenn Sie sich zu einem Gebäude „herauftasten“ müssen, um es vollständig zeichnen zu können, werden die sich daraus ergebenden Proportionen und damit auch die Perspektive sehr verzerrt wirken.

Wenn Sie einen Blickwinkel vom Boden aus oder etwas höher wählen, vermeiden Sie es, die frontale Ansicht einer Hausfassade als Hauptelement Ihrer Komposition auszusuchen, da es sehr schwierig ist, einem aus diesem Blickwinkel gesehenem Haus eine plastische Form zu geben.

Geometrie, Grundformen und Einzelheiten

Um überzeugend Architekturszenen zeichnen zu können, sollte man vor allem die perspektivischen Regeln gut kennen. Halten Sie sich auch bei komplexen Gebäuden wie Kathedralen und Palästen an einfache geometrische Grundformen. Das vereinfacht die zeichnerischen Probleme enorm. Jedes Gebäude kann als eine Abfolge von großen Rechtecken oder Zylindern gesehen werden. Wenn Sie auf ein Gebäude schauen, entwickeln Sie ein bestimmtes Gefühl dafür. Die Struktur der Ziegelsteine oder anderer Steinmaterialien ist zweitrangig. Sie sollten sich erst auf die Detailfragen konzentrieren, wenn sie den Zusammenhang des Ganzen erfaßt

haben. Sie müssen wissen, daß die schrägen und waagerecht verlaufenden Linien einem bestimmten System folgen, das den korrekten Eindruck des Räumlichen bewirkt. Der erste allgemeine Eindruck eines Gebäudes ist entscheidend für die zeichnerische Wiedergabe. Dann bauen Sie die Struktur auf. Die Einzelheiten der Ziegelsteinmuster und der Dachziegel sollten nicht so stark ins Gewicht fallen. Architekturzeichnungen verlangen vom Künstler die Beherrschung der perspektivischen Regeln und Kenntnisse in der Wiedergabe von Texturen, sowie der Licht- und Schattenkontraste.

Künstlerische Eindrücke

Eine Architekturzeichnung kann künstlerische Eindrücke von Gebäuden oder architektonischen Komplexen wiedergeben. Diese künstlerischen Eindrücke werden oft von Architekten oder Künstlern gezeichnet, die darauf spezialisiert sind, anhand von Architekturplänen realistische Zeichnungen von Gebäuden zu machen. Diese Zeichnungen sind keine Entwurfsplanungen, die realisiert werden sollen, sie geben lediglich den künstlerisch geprägten Eindruck eines Gebäudes wieder.

Stadtansichten

Stadtansichten bieten einen reichen Motivschatz für einen Künstler mit wachem Auge und Einfallsreichtum. Gehen Sie irgendeine Straße entlang, und Sie werden eine Fülle von Formen, Mustern und Texturen antreffen – Rohmaterial für aufregende Zeichnungen.

Die klar konturierten Haus- und Dachformen geben Gelegenheit zu kühnen geometrischen Kompositionen. Hohe Häuserblöcke kämpfen mit alten ehrwürdigen Villen um jeden Quadratmeter und bieten dem Künstlerauge den fesselnden Kontrast zwischen Altem und Neuem, Schikkem und Verfallenem. Vielleicht sind Sie auch daran interessiert, die Eigenheiten einer Stadt zu studieren: einen alten Laternenpfahl, eine offene Toreinfahrt oder einen alten Steinbrunnen auf dem Marktplatz.

Welchen Aspekt auch immer Sie zeichnen wollen, versuchen Sie immer, ein dafür geeignetes Zeichenmittel und die entsprechende Technik dafür zu finden. Wollen Sie die Einzelheiten einer dekorativen Hausfassade wiedergeben oder vielleicht den Lärm und die Betriebsamkeit eines modernen Stadtzentrums darstellen? Für das erste Beispiel könnten Sie ein lineares Zeichenmittel wie Bleistift oder Feder und Tusche nehmen. Für das zweite Beispiel könnten Sie eine kühne Mischtechnikzeichnung ausprobieren. Dafür gibt es keine Regeln. Es liegt nun an Ihnen, mit allem zu experimentieren. Denken Sie daran, das Wichtigste ist, die Stimmung des Augenblicks einzufangen. Dieses Gefühl spontanen Erlebens wird sich nicht einstellen, wenn Sie Details sklavisch kopieren.

Auf einer Seite seines Skizzenbuches hat der Künstler eine dramatische und imposante Skyline wiedergegeben, deren dunkle Gebäude mit der lichtreflektierenden Wasseroberfläche kontrastiert. Sehen Sie wie die schroffe Textur der Zeichenkohle zur Stimmung der Zeichnung beiträgt. Wenn Sie eine solche Szenerie skizzieren wollen, suchen Sie nach einer interessanten Silhouette, die Sie dann mit der Breitseite einer Kohle in großen Flächen anlegen.

Diese ruhige Dorfszene wurde mit dem Pinsel, einer Rohrfeder und verdünnter schwarzer Tusche gezeichnet. Diese Technik ist besonders für Motive mit Häusern und Vegetation geeignet. Architektonische Details können noch mit Linien nachgezeichnet werden. Die Vegetation bildet mit großflächigen Lavierungen in Textur und Tonwert einen schönen Kontrast dazu.

Die Kirche ist der Mittelpunkt dieser Zeichnung. Der Künstler führt das Auge des Betrachters mittels einer strengen Perspektive der Häuser und der Straße direkt auf Sie zu. Sehen Sie, wie die Kirche mehr Einzelheiten zeigt und stärkere Tonwerte als die terrassierten Häuser. Die Einfügung einer Einzelfigur gibt einen Maßstab für die Größenverhältnisse im Bild und dient als Gegengewicht zum Mittelpunkt.

Wenn Sie eine Stadtszene zeichnen, müssen Sie die Dinge auswählen, die in Ihren Augen den Charakter der Stadt am besten wiedergeben. Die abfallende Straße und der Hügel im Hintergrund sagen uns in diesem Bild einiges über Topographie des Ortes. Die Details der einfachen Häuser und die ziemlich ausgeschmückte Kirche geben wiederum einen Einblick in den Charakter der dortigen Einwohner.

Die vielfältigen Möglichkeiten der Linien und Zeichen einer Tauchfeder sind für diese Art von Zeichnung gut geeignet. Der Künstler begann die Zeichnung mit sehr feinen Konstruktionslinien und baute auf diesem Gerüst die weiteren Details auf. Schon in diesem Stadium mußten Perspektive und Proportionen absolut richtig gesetzt sein. Nachdem die Hauptformen gesetzt worden sind, konnten Details wie Fenster und Grundmauern umrissen werden. Mit Schraffuren und Kreuzschraffuren wurde dann die Zeichnung schattiert, um Plastizität und Tiefe darzustellen. Wieder geben die Figuren im Vordergrund einen Maßstab für die Größenverhältnisse und lassen die Gebäude imposant erscheinen.

Die Kubisten, vor allem Braque und Picasso unternahmen erstmalig den Versuch, mehrere Ansichten eines Gegenstandes gleichzeitig darzustellen.
Der Künstler hat in dieser Zeichnung einige Anleihen bei ihnen gemacht. Mit Bleistift und Aquarell studierte er die Formen der Landschaft von mehr als einer Seite. Ein so einfallsreicher Zugang zur Zeichnung muß alle Regeln der Perspektive brechen und ist dennoch raumhaltig.

Auf einer Auslandsreise hat der Künstler diese Skizze auf einer Doppelseite mit Bleistift und Aquarell gemacht. Die einfachen, blockartigen Häuser wurden nur umrissen und dann mit Aquarell überarbeitet, um die kühlen blauen Schatten und die umgebende Vegetation wiederzugeben. Wenn Sie für Ihre schnellen Skizzen Aquarell verwenden, können Sie auch die Lokalfarben verwenden.

Belebte Szenen

Wie schon erwähnt wurde, geben Figuren einer Zeichnung einen Maßstab für die Größenverhältnisse. Sie können aber in Architekturzeichnungen eine noch wichtigere Rolle spielen. Häuser sind Zentren der menschlichen Aktivität. Das ist für einige Künstler das wichtigste Motiv überhaupt. Bei ihnen wird die Beziehung zwischen einem Haus und den in ihm wohnenden oder sich vor ihm aufhaltenden Menschen thematisiert.

Besonders Stadtansichten können dadurch gewinnen. In vielen alten Städten ist es oft wegen der Massen von Touristen unmöglich zu zeichnen oder zu photographieren. Lassen Sie sich nicht durch diese Menschen stören. Stellen Sie sich einfach dazu und beziehen Sie die Menschen in Ihre Zeichnung ein.

Für diese Skizze (links) hat der Künstler eine Tauchfeder und schwarze Tusche verwendet. Die festen Tonwerte der Figuren ergeben einen Kontrast zu der vorwiegend linearen Behandlung der Häuser. Die Einfachheit der Zeichnung gibt die Atmosphäre einer kleinen ruhigen Stadt, in der die Leute ihrer täglichen Arbeit nachgehen, gut wieder.

In dieser lebhaften Skizze (unten) wurden Tuschlinien mit Lavierungen transparenter Aquarellfarbe übermalt. Einige Stellen wurden weiß gelassen und doch ist der Gesamteindruck farbig und bewegt; das bewirken die kräftig hingesetzten Linien und Striche.

Mit kräftigen Schraffuren wurden Licht, Schatten und Bewegung in dieser schnellen Skizze dargestellt. Die Tuschflecken störten den Künstler nicht weiter. Das wichtigere Ziel war, eine sich schnell verändernde Szenerie festzuhalten. Bei solchen Skizzen dürfen Sie sich nicht an Details aufhalten. Sammeln Sie nur die Informationen, die Sie brauchen.

Licht und Schatten

Das Spiel von Licht und Schatten auf einem Gebäude läßt es fest und wirklich erscheinen. Beobachten Sie einmal ein Motiv bei wechselnden Tageszeiten, um die Lichtwirkungen zu entdecken, die am besten die dreidimensionale Form wiedergeben. Mittags gibt es zum Beispiel wenig Schatten, da die Sonne direkt über uns steht. Die architektonischen Formen erscheinen dann flacher und uninteressant. Der frühe Morgen und der späte Nachmittag sind die besten Zeiten, um Gebäude zu zeichnen. Das schräg einfallende Licht hebt dann Details hervor, und die langen scharfen Schatten betonen Form und Plastizität der Hausmotive.

Am Abend zeigen Gebäude wieder einen ganz anderen Aspekt. Bei abnehmendem Licht erscheinen sie als Silhouetten vor leuchtendem Himmel. Es bietet sich an, eine dramatische Stimmung mit kühnen Strichen und starken Helldunkelkontrasten darzustellen. Sie können aber auch eine geheimnisvolle und ruhige Stimmung durch weichere Konturen und gedämpfte Tonwerte erzeugen. Auf jeden Fall ergeben Gebäude in Silhouetten spannungsvolle Kompositionen. Wenn Sie ein Interieur zeichnen, kann der Anteil und die Richtung des einfallenden Lichtes die Stimmung und sogar die räumlichen Dimensionen des Raumes beeinflussen. Wie bei Freilichtszenen kann es auch für Interieurszenen aufschlußreich sein, einmal zu verschiedenen Tageszeiten und einmal unter künstlichen Lichtbedingungen zu zeichnen.

In dieser Zeichnung wurde mittels eines starken Hell-Dunkelkontrastes eine dramatische Wirkung erzielt. Der helle Himmel dient als Hintergrundbeleuchtung und läßt die Gebäude am Ufer als Silhouetten erscheinen. Die Linie und Lavierungstechnik ist für diese Art atmosphärischer Zeichnung vor Ort gut geeignet. Die Gebäude wurden mit einem Pinsel angelegt. Um eine stärkere Kontrastwirkung zu erzielen, wurde die dunkelste Kante eines Gebäudes gegen den hellsten Teil des Himmels gesetzt. Obwohl alle Gebäude im Schatten liegen, sind sie nicht völlig schwarz wiedergegeben, da noch Licht von der Wasseroberfläche auf sie reflektiert wird. Details sind bis auf wenige Zeichen zurückgenommen. Sie haben gerade den richtigen Anteil an Kontrastwirkung zu den großflächigen Lavierungen.

Diese Zeichnung aus einem Skizzenbuch wurde mit einem schwarzen Filzstift auf glattem Papier gemacht. Die Hauptformen des Motivs wurden umrissen und anschließend wurden Schattierungen mit Schraffuren zugefügt. Starkes Sonnenlicht ergibt scharfe Schlagschatten, deren Formgebung genau beobachtet wurde. Diese Zeichnung beschäftigt sich vor allem mit dem Muster aus hellen und dunklen Formen. Eine andere interessante Beobachtung des Künstlers betrifft die veränderte Dunkelheit des Telegrafenmastes. Gegen den Himmel erscheint er dunkler als in der unteren Hälfte vor dem Haus.

In dieser wunderschönen Zeichnung wurden Textur, Licht und Schatten eher mit Linien als mit Tonwerten geschaffen. Der Künstler hat den Himmel durch sorgfältig gesetzte horizontale Linien allmählich abgedunkelt. Vertikale Schraffuren schattieren das Gebäude und das Auto. Die untergehende Sonne kommt von rechts in das Bild und hebt einige Lichter hier und dort hervor, die einen stimmungsvollen Kontrast zu dem dunkel werdenden, brütenden Licht schaffen. Der späte Nachmittag ist oft die beste Zeit, um solche ungewöhnlichen atmosphärischen Wirkungen vorzufinden.
Der Ausschnitt zeigt verschiedene Dichten von Schraffuren und Rundschraffuren, die den hohen Baumstamm kennzeichnen.

Interieurs

Das Innere eines Raumes oder eines Gebäudes kann ein aufregendes Thema sein. Ins Auge fallen dabei natürlich große öffentliche Gebäude, wie Paläste und Kirchen. Aber auch weniger eindrucksvolle Bauten wie Fabriken, Bauernhöfe, Häuser, Ihr Atelier, selbst Ihre Garage können mögliche Motive sein.
Das erste Interieur, das man malt, ist meistens ein Teil der eigenen Wohnung, vielleicht auch das Zimmer eines Ferienortes. Empfangshallen von Hotels und Flughafenwartehallen sind dankbare Motive, wenn man sich die Wartezeit mit Zeichnen verkürzen will.
Häuser werden für bestimmte Zwecke konstruiert und ihre Räume erfüllen bestimmte Funktionen. Ein gut gewähltes Interieur kann daher als interessanter Hintergrund für ein anderes Motiv dienen, wie zum Beispiel eine Gruppe von Menschen oder ein individuelles Porträt. Die Art und Aufstellung der Möbel in einem Zimmer und seine sonstige Einrichtung können sehr viel über die Persönlichkeit und den Lebensstil des sitzenden Modells aussagen. Achten Sie darauf, daß das Modell sich gut in die Szene einfügen läßt, und betonen Sie die wichtigen Aspekte.

Es ist nicht immer einfach, von einer Reproduktion auf die Größe des Originals zu schließen. In dieser großen kühnen Zeichnung auf Zeichenkarton von 102 auf 76 cm wurden breite Marker und farbige Tuschen mit ziemlich großer Freiheit eingesetzt. Zuerst legte der Künstler eine Vorzeichnung in Bleistift an, um der komplizierten Perspektive Herr zu werden. Dann entwickelte er mit breiten schwarzen Markern die Zeichnung weiter und fügte hellere Töne mit fast ausgetrockneten Markern zu, die er kräftig über den Karton rieb. So entstanden die körnigen Halbtöne. Zum Schluß wurden mit Chinaweiß die Lichter gesetzt, die man deutlich auf den Dachbalken sieht.

Diese kraftvolle und atmosphärische Pastellskizze zeigt das lebhafte Interieur eines eindrucksvollen Gebäudes. Sehen Sie wie jede Figur getrennt behandelt wurde. Trotzdem dominieren sie die Zeichnung nicht, sondern fügen sich dem Ganzen harmonisch ein. Spontane Schraffuren und schnell angelegte Farbflächen geben die lebhafte Szene wieder. Der Künstler hat es verstanden, die Reflexe des Lichts zur Akzentuierung und Raumgestaltung einzusetzen. Durch die Verwendung des getönten Papiers erzielte er einen einheitlichen Farbwert, der die Komposition zusammenhalten half.

Die in dieser Linienzeichnung verwendete Technik ermöglichte die Übertragung auf eine Leinwand, um daraus ein Gemälde weiterzuentwickeln. Nach genauen Angaben wurde die Zeichnung mit einem Filzstift auf einem transparenten Film entworfen. Mit der Reprokamera wurde dann die Zeichnung auf eine fotoempfindliche Leinwand übertragen. Die Zentralperspektive und andere Hilfslinien der Konstruktion sind mit blauer Tusche eingetragen, die beim Reprovorgang nicht übertragen werden. Die Zeichnung wurde über diese Hilfslinien mit schwarzer Tusche konstruiert. Eine solche Arbeitszeichnung ist zwar sehr wichtig, aber nur ein Schritt in einem größeren künstlerischen Prozeß.

Details

Architektonische Details, seien sie nun dekorativ oder funktional, gehören zu den aufregenden Motiven der Architekturzeichnung, so wie das Motiv des Hauses selbst. Details wie Fenster und Türen ergeben interessante Anregungen für den Künstler, der sie als Hilfsmittel der Komposition, als Rahmen innerhalb eines Rahmens verwenden kann. Künstler wie Architekten verwenden oft Skizzenbücher, um Details zu skizzieren, die sie dann später für ein Bild oder einen Entwurf verwenden können.
Wenn Sie ein ganzes Gebäude zeichnen wollen, sollten Sie versuchen, alle Details der allgemeinen Baustruktur zu unterwerfen, und sie nicht nachträglich anzuheften. Heben Sie detaillierte Teile gegen weniger detailreiche ab, damit Sie Ihre Zeichnung nicht überladen.
Wenn Sie die Textur einer Mauer oder eines Daches zeichnen wollen, müssen Sie nicht jeden Stein und jeden Ziegel einzeichnen. Legen Sie den mittleren Tonwert an und zeichnen Sie hier und da noch ein wenig Details ein. Oft genügt die Andeutung von Texturen und Details, um den Eindruck des Ganzen zu vermitteln. Der Betrachter hat mehr von der Zeichnung, wenn er gezwungen ist, Details mit seiner Phantasie zu ergänzen.

Auf der linken Seite dieses Skizzenbuches (oben) hat der Künstler ein modernes Gebäude mit feiner Feder gezeichnet. Auf der rechten Seite wurde ein älteres Haus mit einem weichen Bleistift festgehalten. Die Mittel wurden sorgfältig in Hinsicht auf die Motive ausgesucht. Jedes zeichnerische Mittel ist für die Betonung der Fenster und der Mauerstruktur gut. Diese Skizzen zeigen keine Farbgebung und keine Schattierung, da der Künstler sich nur auf die Details konzentriert hat und dafür eine einfache Zeichentechnik genommen hat.
Diese kleine Bleistiftskizze einer Abteiruine (links) gibt durch das sorgfältige Studium der Schatten die Plastizität und Monumentalität des Baus gut wieder. Solche Details wie die fliehenden Strebepfeiler und hohen Fenster, können auch in späteren Zeichnungen Verwendung finden.

Für dieses schwierige Muster von Fachwerkhäusern wurden farbige Stifte verwendet. Der Künstler hat nicht nur die Oberflächendetails verzeichnet, sondern auch mit Licht und Schatten eine Plastizität und Raumwirkung erzeugt. Eine so komplizierte und handwerklich geschickte Zeichnung muß in verschiedenen Schritten aufgebaut werden. Vorbedingung ist eine genaue Beobachung zunächst der allgemeinen Baustruktur und dann der einzelnen Details in ihrem Zusammenhang. Der Ausschnitt zeigt, wie das Weiß des Papiers für die Fenster eingesetzt worden ist.

Für diese Zeichnung wurden Fotovorlagen verwendet. Die Grundlinien wurden mit Bleistift vorgezeichnet und dann mit Tusche in Punktiertechnik ausgefüllt. Beachten Sie die schöne Balance der Zeichnung: Oben rechts schafft die leere Wand atmende Räumlichkeit und kontrastiert zu dem sehr dunklen, komplizierten Muster des Geländers. Der Ausschnitt zeigt, wie sorgfältig die Tonwertabstufungen beachtet worden sind.

In Wirklichkeit hat dieses imposante viktorianische Gebäude wohl einige tausend Ziegelsteine. Der Künstler hat zum Glück nicht versucht, jeden einzelnen zu zeichnen. Mit horizontalen und vertikalen Schraffuren gelang ihm überzeugend die Darstellung der Textur von Ziegelsteinen. Ein übriges tut die Phantasie.
Mit vielen Lagen von Kreuzschraffuren in Tusche und Feder wurden sehr dunkle Schattenzonen aufgebaut. Einige Flecken des weißen Papiers brechen durch diese Schattenfelder und geben ihnen Leuchtkraft. Außerdem verhindern sie, daß die dunklen Flächen zu gleichmäßig und langweilig aussehen. Der Ausschnitt zeigt eine lebhafte Schraffurtechnik für das Maßwerk des Fensterbogens.

Architektur in Pastelltechnik

Das gesprenkelte Spiel des Lichts um ein kühles Palastinterieur bietet ein wunderbares Architekturmotiv an. Hierfür eignen sich Pastellkreiden am besten, denn sie geben ungewöhnliche Strichlagen und pointillistische Fleckstrukturen ab. Das körnige Ölskizzenpapier liefert einen guten Zeichengrund, der den Pastellstift gut annimmt. Die Gegenüberstellung von warmen und kalten punktierten Farben wurde sorgfältig abgewogen, um die Eigenschaft des Lichts im Raum wie außerhalb des Gebäudes einzufangen.

1. Der Künstler gibt den Eindruck von gesprenkeltem Lichteinfall durch eine Vielfalt von punktierten Strichen wieder. Gebrochene Flecken von einem tiefen Kobaltblau verstärken den Umriß der Pfeiler.

2. Nachdem die Komposition angelegt worden ist, widmet sich der Künstler weiter den Eigenschaften des Lichts, indem er warme Ocker- und Fleischtöne einzeichnet. Auch das Liniennetz wird immer mehr verfeinert, damit die Punktmuster aufgenommen werden können. Die auffallenden Pflanzenformen werden mit Grün und Blau aufgebaut.

3. Frei gezogene, schraffierte Striche definieren die Form des Bogens. Bei gleichbleibender Farbigkeit ergibt das unterschiedliche Muster dennoch einen lebhaften Kontrast (rechts).

4. Mit helleren Farbtönen wurde dann der Himmel gepunktet. Graue, grüne und blaue Punkte im Hintergrund geben eine Reihe Bäume wieder. Obwohl die gesamte Zeichnung vor Farbe vibriert, leidet darunter die Plastizität und Einheit der Szene nicht. Es gibt eine klare Trennung der Farbbereiche: einmal der tief-farbige Vordergrund des Interieurs, dann die hellen Farbtöne der Landschaft im Hintergrund. Die dunkelsten Schatten wurden in Ultramarinblau und Violett angelegt.

Gelegentliche Flecken wärmerer Farbtöne sind unter die kühlen Farbtöne der Schatten gemischt, um die Wirkung reflektierten Lichts wiederzugeben. Sie beleben die Schattenzonen und vergrößern die kompositionelle Einheit durch die visuelle Verbindung des Vordergrunds mit den roten Dächern in der Landschaft im Hintergrund.

Blumen und Pflanzen

Blumendarstellungen findet man in illuminierten Manuskripten und in der mittelalterlichen Malerei, oft emblematisch verwendet – die weiße Lilie ist zum Beispiel ein Symbol der Reinheit. Doch sind solche Blumendarstellungen hierbei den wichtigeren Elementen des Bildes völlig untergeordnet. Als um 1440 Lochner (gest. 1451) „Die Jungfrau im Rosenhaag" malte, traten Blumenbilder auch immer häufiger als Thema eines Bildes auf. In der Entwicklung der Stillebenmalerei arbeiteten vor allem die holländischen Künstler des 18. Jahrhunderts, wie Huysum (1682–1749), Blumengemälde bis ins Detail aus. Diese Künstler setzen ihr ganzes Talent darein, ausgefeilte Details, bis zur Wiedergabe von Tautropfen und winzigen Insekten auf den Blumen auszuführen. Die Impressionisten liebten Blumenthemen für Zeichnungen und Gemälde. Monet ließ sich in seinem Garten in Giverny einen Seerosenteich anlegen und malte dort seine großen „Seerosen-Bilder", die heute für den Höhepunkt des Impressionismus und als Vorläufer der Abstrakten Kunst stehen. Die vielleicht bekanntesten und berühmtesten Blumenbilder sind jedoch die sieben Gemälde von Sonnenblumen, die van Gogh kurz vor seinem Tod gemalt hat. Eines von ihnen wurde 1987 für 27 Millionen Dollar versteigert.

Im Grunde gibt es zwei Arten der Blumenzeichnung. Botanische Zeichnungen sollen vor allem den Aufbau der Blume erklären und ihre botanischen Merkmale schematisch darstellen. Frühere Blumenzeichnungen gehen vor allem den malerischen Möglichkeiten solcher Themen nach. Einige botanische Blumenzeichnungen sind auf ihre Art wunderschön gemacht und Blumenzeichnungen die künstlerisch umgestaltet sind, können botanisch genau aussehen. Doch beide Arten von Zeichnung haben verschiedene Ziele.

Ein gehorsames Motiv

Wie bei jeder Stillebenzeichnung fällt beim Blumenzeichnen eines besonders auf: Das Motiv steht vollkommen unter Kontrolle des Künstlers. Er kann die Blumen hinstellen, wohin er will. Es gibt weder Probleme, wenn er sie direkt abzeichnet noch wenn er sie aus dem Gedächtnis heraus zeichnet oder anhand von Skizzen rekonstruiert.

Blumen, die man zeichnen möchte, sollten ganz natürlich angeordnet werden. Symmetrische und rein formale Blumenarrangements ergeben meistens keine guten Motive zum Zeichnen oder Malen. Die Blumen sollten eher wie zufällig, aber doch so überlegt aufgestellt werden, daß Sie unter mehreren Ansichten der Blumen auswählen können. Einige Blumen sollten sich überschneiden, ihre Blütenköpfe sollten in verschiedene Richtungen weisen. Wenn möglich, sollten die Blumen auch verschiedene Entwicklungsphasen zeigen, einige von ihnen noch in Knospen, andere wieder in voller Blüte stehend.

Auch die Beleuchtung ist wichtig. Licht von einer Seite ergibt meistens einen starken Hell-Dunkelkontrast und hilft bei der Wiedergabe fester plastischer Formen. Ob das Licht von einer natürlichen oder einer künstlichen Lichtquelle stammt, ist dabei unwesentlich. Denken Sie aber daran, daß künstliches Licht zwar verändert werden kann und nach Wunsch harte oder weiche Schatten gibt, aber auch die Farben verändert.

Wandlungen

Allerdings verhalten sich auch Blumen nicht völlig ruhig und unbeweglich. Sie verändern sich auch in einer Vase so weiter, wie sie sich in der freien Natur ändern würden. Im Verlaufe eines Tages öffnen sie sich, bewegen sich oder schließen sich, je nach Lichteinfall. Die Blumenstiele können sich biegen und die Stellung der Blumen verändern und dadurch auch die gesamte Motivgruppe verwandeln.

Daran müssen Sie denken, wenn Sie über einen längeren Zeitraum hinweg zeichnen. Die meisten Blumenzeichnungen, selbst ganz genaue und sorgfältig überlegte, werden jedoch kaum so viel Zeit in Anspruch nehmen, daß sich das Motiv stark verändern könnte. Trotzdem sollte man gleich zu Anfang die wichtigsten Kompositionselemente des Motivs festlegen und auf dieser Grundlage weiterarbeiten, selbst wenn die Blumen bereits verwelkt sein sollten.

Die Einzelheiten und das Ganze

Noch mehr als bei jedem anderen Thema verführen Blumenmotive zur kleinlichen Detailarbeit. Blumen sind wunderbare Dinge, aber selbst dann kann man aus ihnen doch noch sehr langweilige Bilder machen. Die Detailarbeit muß auf jeden Fall solange zurückgestellt bleiben, bis die Komposition sichergestellt ist. Und auch dann braucht man nur zwei oder drei Blumen genauer darzustellen. Die einzelnen Blumen

sollten nicht einzeln gesehen werden, sondern als komplexe Formeinheit. Wenn erst einmal die allgemeine Form des Blumenmotivs mitsamt ihrem Hintergrund entwickelt worden ist, können einzelne Blumen noch stärker herausgearbeitet werden. Die Blumen sollten zusammen mit ihren Stielen gezeichnet werden.

Am wichtigsten aber ist, daß das Blumenmotiv rund und dreidimensional aussieht und eine kompositionelle Einheit bildet. Welche Aufmerksamkeit auch immer man einer einzigen Blume schenken will, es darf nicht auf Kosten des Ganzen gehen. Zuviel Aufmerksamkeit auf eine Blume und zu sehr aus dem Zusammenhang herausgelöste Blumen ergeben nur enttäuschend flache Muster, deren man nur noch wenig von der ursprünglichen Inspiration ansieht.

Farbe und Material

Der wichtigste Aspekt bei Blumenmotiven ist offensichtlich die Farbgebung. Gerade Aquarellbilder von Blumen können diesen intensiven, leuchtenden Farbklang wiedergeben, der so viele Blumen auszeichnet. Auch Pastellkreiden und andere Kreidesorten sind beliebte Zeichenmittel für Blumendarstellungen. Monochrome Zeichnungen können die interessanten Formen einiger Blumen darstellen oder den komplizierten Aufbau erläutern.

Eine große Vase mit Blumen auf einem kleinen dekorativen Tisch ergibt ein sehr schönes Motiv. Es wurde schnell in Tusche und Aquarell wiedergegeben.

Botanische Zeichnungen

Die schönsten botanischen Zeichnungen halten dem Vergleich mit einem Kunstwerk durchaus stand. Trotzdem unterscheidet sich das Ziel des botanischen Zeichners von dem des Künstlers, der Blumen wegen ihres malerischen Aussehens zeichnen möchte. Der Künstler braucht sich nicht um die botanisch genaue Beschreibung zu kümmern. Seine Blumen können gerade nur angedeutet sein, mit wenigen Farbflecken gegen einen neutralen Hintergrund gesetzt. In einer botanischen Zeichnung muß die Blume in allen Details erklärt werden. Das schließt sogar schriftliche Notizen am Rand der Zeichnung mit ein oder auch Vergrößerungen bestimmter Blütenblätter oder Blattformen.
Zeichnet man Blumen für botanische Zwecke, muß man genau auf Form und Aufbau achten. Im allgemeinen wird für Einzelstudien nur eine Spezies herausgesucht. Doch je nach Art der Blume wird vielleicht ein Stiel mit zwei Blüten in verschiedenen Reifephasen gebraucht, so daß zwei verschiedene charakteristische Ansichten dieser Pflanze dargestellt werden.
Schwierig ist es, botanische Zeichnungen davor zu bewahren, flächig und leblos auszusehen. Der botanische Zeichner betrachtet ja sein Werk in erster Linie als wissenschaftliche Studie. Darum muß seine Zeichnung ohne einen Hintergrund, der hier nur verwirren würde, auskommen.
Mit botanischen Kenntnissen und genauer Detailbeobachtung erzielt man in diesem Bereich die besten Ergebnisse.

Diese Zeichnungen in Tusche und Feder zeigen in Punktiertechnik eine genaue Darstellung der Form und Textur verschiedener Blumenteile. Die Schattierung folgt geschickt der Form der Blätter und Blüten.
Bei der genauen Wiedergabe verhindert die Schattierung ein zu flächiges Aussehen der Einzelteile. Bestimmte Details, wie die Stellen, an denen die Blätter aus dem Stengel wachsen, wurden noch genauer ausgeführt. Die Zeichnung gewinnt dadurch an Plastizität, was wiederum bei der Bestimmung wichtiger Pflanzencharakteristika hilft.

Die Inspiration zu diesen Zeichnungen auf einem Arbeitsblatt rührt von der genauen Beobachtung der verschiedenen Pflanzenteile her. Für diese Art von botanischer Studie ist Bleistift besonder gut geeignet, da er leicht radiert und korrigiert werden kann. Die Informationen zur Farbgebung wurden mit einem kleinen Marderhaarpinsel und Aquarell eingetragen. Viele Künster machen sich auch schriftliche Notizen, nicht nur als Erinnerungsstütze für bestimmte Merkmale der Pflanze, sondern auch für die nötigen Ausmischungen der Farben. Diese Skizzenbuchseite ist zwar ein Arbeitsblatt, ein Vorrat an Informationen und weniger ein Kunstwerk, doch ist auch hier die Verteilung der Kompositionselemente auf dem Blatt wichtig. Die einzelnen Zeichnungen sollten auch ästhetisch zur Wirkung kommen, damit sie Freude und Inspiration vermitteln können.

Die erste Phase dieser kleinen Zeichnung bestand in einer detaillierten Bleistiftvorzeichnung. Danach legte die Künstlerin die wichtigsten Farben und Schattierungen mit wasserlöslichen Farbstiften an. Mit einem feinen Marderhaarpinsel und sauberem Wasser löste sie die Farbe auf und schuf feine Übergänge. Durch wiederholtes übereinanderlegen mit anderen Farben baute sie Schichten starker Farbe auf. Zusätzlich zu den durchscheinenden weißen Papierstellen wurden mit einem feinen Pinsel und weißer Gouachefarbe noch Lichter aufgesetzt. Aquarellstifte ermöglichen wunderbar zarte Übergänge in Tonwert und Farbe, wie man auf dem großen Blatt sieht, wo die Grüntöne langsam in Brauntöne übergehen.

Die feinen grünen Ranken dieser Pflanze erscheinen als haarfeine Risse auf dem Papier. Die Zeichnung wurde mit sehr spitzen Aquarellstiften gemacht. Diese Stifte sind weicher als normale Farb- oder Bleistifte und verlieren daher bald ihre Spitze, besonders wenn sie naß verwendet werden. Mit sauberem Wasser wurden die Farbtöne in der Blüte und der Knospe verschmolzen. Eine Blüte ist noch geschlossen, während die andere sich in vollem Glanz zeigt.
Botanische Zeichnungen illustrieren auf ein- und derselben Zeichnung oft die verschiedenen Entwicklungsstadien einer Pflanze.

Diese Zeichnung in Tusche und Feder beschreibt die Pflanze zwar detailgenau, wirkt aber etwas stilisiert. Das hebt diese Zeichnung über ein rein botanisches Motiv hinaus und macht sie zu einer hübschen, dekorativen Arbeit. Unterschiedliche Dicke des Strichs und ausgerichtete Schattierungen beschreiben die schönen Formen der Blume und geben den Eindruck von Bewegung wieder. Der Ausschnitt zeigt die genaue Beobachtung der Einzelteile im dunklen Zentrum der großen Blume. Die dichten schwarzen Flecken akzentuieren die Zeichnung.

Wildpflanzen

Es ist immer wieder inspirierend, eine lebende Pflanze zu zeichnen, ob drinnen oder draußen. Blumen zeigen sich in ihrer natürlichen Umgebung von ihrer schönsten Seite. Die Suche nach wild wachsenden Blumen kann selbst schon ein interessanter Ausflug werden. Es ist wirklich überraschend, wo solche Blumen überall wachsen. Brachliegende Grundstücke in der Stadt sind oft übersät mit farbigen Wildblumen. Sie können entweder ein paar schnelle Skizzen oder aber einige Schnappschüsse machen und zu Hause danach arbeiten. Verachten Sie nicht das sogenannte Unkraut. Für den Künstler ist ein bescheidener Löwenzahn genauso viel wert wie eine kultivierte Gartenblume.

Der Künstler hat sich hier auf eine dünne Linienzeichnung mit Tusche beschränkt, um die komplizierten Formen des Fingerhuts und der umgebenden Vegetation zu zeichnen (oben). Um eine interessante Zeichnung mit einfachen Mitteln zu machen, muß der Künstler die feine Formveränderung von einer Blüte zur anderen berücksichtigen.

Eine Kombination zweier Techniken. Linienzeichnung und Punktiertechnik in Feder und schwarzer Tusche beschreiben sehr geschickt diese Wildblumen. Der Künstler wollte nicht nur die Blumen wiedergeben, sondern auch ihre natürliche Umgebung und fügte deswegen zwei große Kühltürme eines Kraftwerks im Hintergrund ein.

In Verbindung mit Schmirgel- oder Sandpapier können Ölpastellkreiden sehr wirkungsvoll sein. Der Ausschnitt zeigt die verschiedenen Texturen, die damit erzeugt werden können. Leichtes Reiben des Pastellstiftes über die körnige Oberfläche ergibt einen rauhen aufgebrochenen Duktus. Stärkerer Druck auf das Papier erlaubt den Aufbau dichter Farbschichten. Die Möglichkeiten dieser Technik schienen dem Künstler gut geeignet, um eine Sommerhecke mit ihren wuchernden Farnen und Blumen zu erforschen. Eine Pastellzeichnung ist nur zu leicht „tot"-gearbeitet. Das Bild erscheint schmierig und langweilig. Man sollte besser einen unfertigen, frischen Eindruck anstreben, wie dieses Beispiel demonstriert. Diese spontane Vorgehensweise erleichtert einen emotionellen Zugang.

Topfpflanzen

Topfpflanzen erleichtern den Zugang zu Pflanzen aller Größen, Formen und Farben. Wenn Sie drinnen eine Pflanze zeichnen, so können Sie die Lichtbedingungen gut kontrollieren. Ganz verschiedene Lichtwirkungen können sich je nachdem ergeben, ob man eine Pflanze ans Fenster stellt oder mit einer Kunstlichtlampe beleuchtet.
Topfpflanzen passen für ein Stillebenmotiv auch gut mit anderen Dingen aus dem Haushalt zusammen.
Topfpflanzen sind besser als andere Pflanzen zugänglich und geben schöne Motive ab. Bei einer so großen Pflanze wie dieser hier, ergibt schon ein einzelnes Blatt die Grundlage der Zeichnung. Die kräftigen Grüntöne wurden mit Pastellkreiden aufgebaut und fest ins Papier eingerieben, eine Schicht über die andere. Der kreisförmige Spiegel im Hintergrund rundet die Komposition mit einem ungewöhnlichen und interessanten Hintergrund voller Lichter und Reflexe ab. Details wurden auf ein Mindestmaß beschränkt. Die Komposition aus großen einfachen Formen, die in farbigen Pastellkreiden frei angelegt wurde, sollte durch nichts eingeschränkt werden.

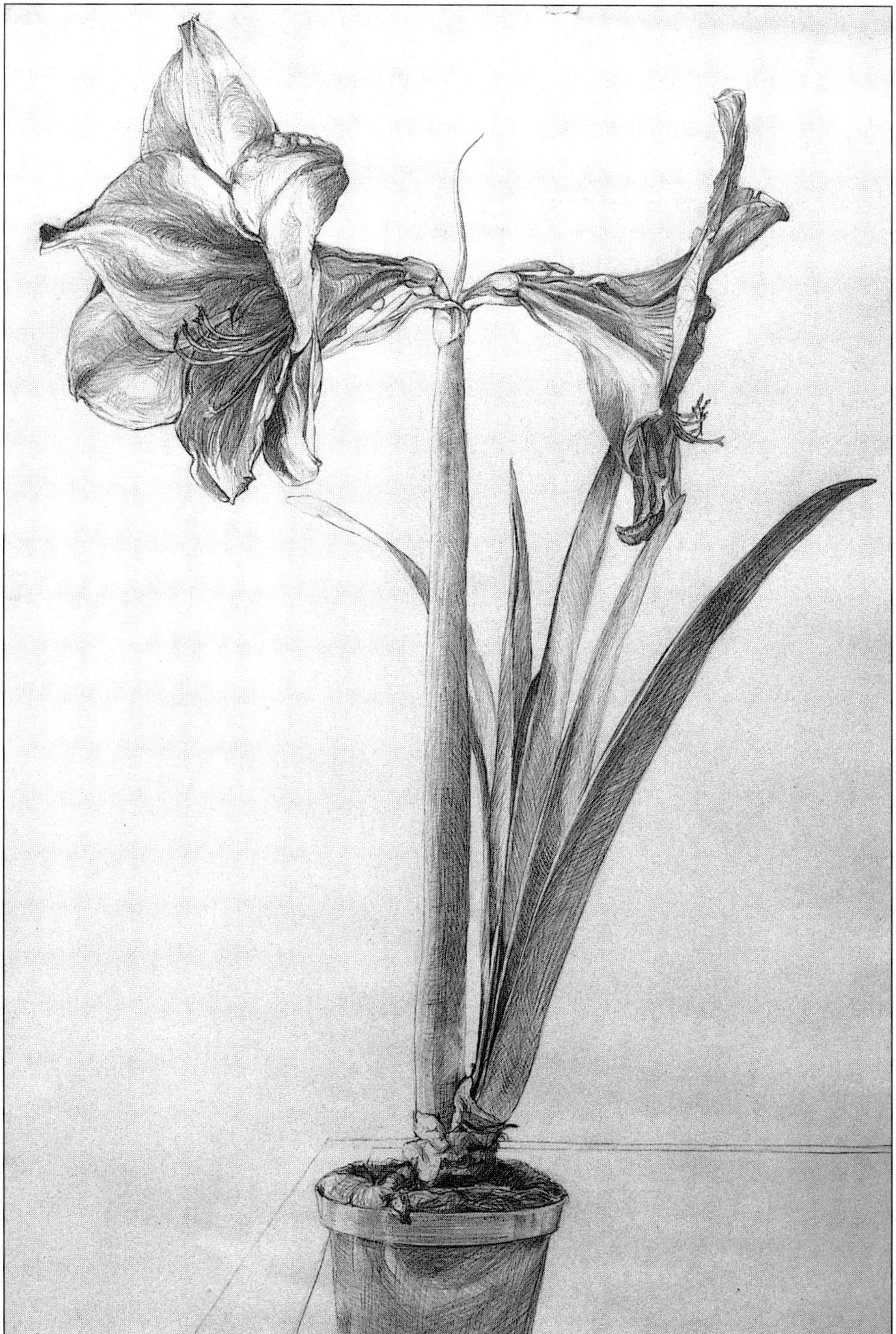

Eine allgemein auftretende Schwierigkeit beim Blumenzeichnen besteht darin, die dreidimensionale Form der Blütenblätter zu beschreiben und gleichzeitig ihre gemeinsame Textur zu erhalten. Um dieses Problem zu lösen, hat der Künstler in dieser Bleistiftzeichnung zwischen den Texturen des Stengels, der Blätter und denen der Blüten unterschieden, indem er verschiedene Schattierungen und unterschiedliche Linienführung anwandte. Stengel und Blätter wurden mit kurzen kreuzschraffierten Strichen wiedergegeben, um die Festigkeit ihrer Form darzustellen. Im Unterschied dazu wurden die Blütenblätter mit langen, geschwungenen und weichen Linien wiedergegeben. Auf diese Weise sind die Konturen deutlich beschrieben und zusammen mit der weichen Bleistiftlinie auch die Feinheit der Textur.

Schnittblumen

Blumen in einer Vase können entweder selbstständige Motive sein, oder Teil eines größeren Stillebens. Falls die Vase in die Zeichnung mit einbezogen werden soll, muß sie sich in Form und Farbe mit den Blumen ergänzen. Manchmal findet man die Vase im richtigen Farbton und ansprechender Form. Am einfachsten ist aber immer noch eine einfache Glasvase, die selbst kaum auffällt, dafür aber die Blumenstiele sehen läßt.
Eine der Fallen beim Blumenzeichnen ist die, zu exzessiver Detailarbeit auf Kosten der Gesamtwirkung verführt zu werden. Wenn Sie einen Blumenstrauß in einer Vase zeichnen, müssen Sie zuerst die Grundform des Motivs beachten.
Vor jeder Detailarbeit muß immer zuerst das Größenverhältnis der Blumen zueinander und ihre Stellung im Bildraum festgelegt werden. Eine sich auf jede einzelne Blüte, jedes Blatt oder jede Knospe konzentrierte Zeichnung läßt die Blume nicht weich und fein erscheinen, sondern eher hart und metallisch. Wie jedem anderen Motiv sollte man bei Blumenmotiven unnötig ausgearbeitete Details vermeiden und lieber das Wesentliche des Motivs mit leichter Hand wiedergeben.
Ein oder zwei Blumen können natürlich ruhig genauer behandelt werden, während die übrigen sich nur als unbestimmte Formen mit dem Hintergrund verbinden sollten. Versuchen Sie, die Blumen natürlich zusammenzustellen. Streng formal ausgerichtete Kompositionen sollten zugunsten einfacher, vielleicht sogar zufälliger Arrangements vermieden werden.

Der einfache Glaskrug, in dem die natürlich arrangierten Blumen stehen, sagt nicht viel aus, läßt aber dafür die Stiele der Blumen sichtbar werden und gibt so einen zusätzlichen Aspekt. Die Wahl von Tusche und Feder und der linearen Technik läßt den Künstler sich ganz auf die Formen und den Aufbau der Blumen konzentrieren. Die Stempel der Blüten sind zum Beispiel nur mit wenigen Punkten angedeutet.

In dieser Zeichnung wird die Aufmerksamkeit auf die Blumen im Vordergrund gelenkt. Die Blumen dahinter zeigen weniger Einzelheiten. Obwohl nichts übergenau gezeichnet worden ist, drückt die Zeichnung doch das Wesen der Blumen und den umgebenden Raum lebhaft aus. Eine sensible Federtechnik in kurzen gebrochenen Strichen und Schraffuren wurde verwendet, um die Blumen in ihrer Textur zu beschreiben. Die dunklen Zentren in den Blumen wurden mit intensiven Schraffuren ausgedrückt, weiße Stellen stehengelassen.
Die weich auslaufenden Ränder dieser Schraffurtechnik verhindern zudem ein zu hartes und dunkles Aussehen dieser Stellen.

Der Künstler hat für diese Zeichnung eine dekorative Vase ausgesucht, die sehr schön zu den Blumen darin paßt. Wasserlösliche Stifte auf körnigem Aquarellpapier geben das Motiv sehr gut wieder. Der Künstler unterscheidet nicht zwischen der Behandlung der Vase und der der Blumen. So sind die Stiele auf der Vase wie auch die der Blumen nur als helle Flächen dargestellt und verbinden somit beide Teile der Komposition. Zunächst wurde die Zeichnung mit freien Bleistiftstrichen angelegt, wobei die Grundformen der Blumen mit dem starken Hell-Dunkelkontrast herausgearbeitet wurden. Mit sauberem Wasser und einem Pinsel wurden dann diese Flächen aufgelöst und vermischt. Dabei mußte der Künstler aber Vorsicht walten lassen, um nicht die scharfen Kontraste ganz zu verwischen, während er mit den Lavierungen die einzelnen Teile der Zeichnung zusammenführte.

Für diese Zeichnung nahm der Künstler einen Rapidographen mit mittlerer Federstärke. Mit dieser Feder lassen sich Linien gleichbleibender Stärke erzeugen, die auch von unterschiedlichem Druck nicht verändert werden. Mit einer Spezialtusche baute der Künstler auf einem Blatt festem Papier die Zeichnung langsam auf. Kreuzschraffuren ergeben den Hintergrund, in dem sauber begrenzte weiße Formen für die Narzissen offen blieben. Der Künstler betonte dann noch die Schatten der Blütenblätter und die Blütenzentren, ließ jedoch die Blumen selbst so hell und zart wie möglich stehen.

Die ersten Zeichen für diese farbige Bleistiftzeichnung wurden ganz schwach auf dem Papier angelegt. Doch sie waren für die Komposition der Grundformen in ihren richtigen Stellungen und Proportionen wichtig. Nach dem Ausfüllen des Hintergrundes mit Schraffuren verschiedener Helligkeitsstufen, entwikkelte der Künstler die Blütenformen mit stärkeren Farben und kräftigeren Tonwerten. Mit den verschieden ausgerichteten Bleistiftstrichen hat der Künstler die gebogenen und übereinander gefalteten Formen der Blütenblätter gekennzeichnet. Dieses vibrierende Bild besteht aus acht Farben. Die warmen Farbtöne beschreiben die beleuchteten Teile, die kühleren Farbtöne die Schattenpartien.

Wasserlösliche Stifte sind für eine Blumenzeichnung besonders gut geeignet. Sie haben eine große Vielfalt von Farbtönen, die entweder für lineare Zeichen verwendet werden können oder aber mit Wasser angelöst für interessante Lavierungen. In diesem Beispiel wurde der Umriß des Rhododendron zuerst in der Lokalfarbe angelegt. Die anderen Farben wurden nach und nach zugefügt und mit Wasser und Pinsel vermischt. Sehen Sie, wie die Blattformen und das Wasserglas weniger Einzelheiten zeigen als die Blume selbst, so daß die Zeichnung nicht überladen wirkt. Unsere Aufmerksamkeit konzentriert sich nur auf die lyrische Interpretation der Blüte.

Figur

Einige der frühesten Darstellungen der menschlichen Figur befinden sich im Bereich ägyptischer Kunst. Sie erscheinen flach und unrealistisch, weil die Künstler innerhalb eines strengen bildnerischen Kanons nur das malten, was sie wußten, und nicht das, was sie wirklich sahen. Alles im Bild wurde in einer Position gezeigt, die am besten ausdrückte, was dargestellt werden sollte. Wichtige Leute wurden größer gezeigt als weniger wichtige. Auch der zeitliche Ablauf einer wichtigen Persönlichkeit wurde anhand der Würden, die er während seines Lebens erhielt, genau dargestellt.

Die römischen Künstler schufen wesentlich realistischere Darstellungen der menschlichen Figur. Dazu trug ganz beträchtlich die Entdeckung der Verkürzung, etwa 500 v. Chr., bei, die nun zum Beispiel die Darstellung eines von vorn gesehenen Fußes ermöglichte. Von nun an betrachteten die Künstler nicht allein die Formen der Gegenstände, sondern auch unter welchem Blickwinkel sie im Bild erscheinen.

Der Akt

Über Jahrhunderte änderte sich nun nicht mehr viel an der realistischen Darstellung der Figur, bis zum Auftreten von Giotto (1266/7-1337) und Masaccio (1401-1428) in der Renaissance. Die anatomischen Untersuchungen von Leonardo da Vinci (1452-1519) und seine Aktzeichnungen, sowie die von Raffael (1483-1520) und Michelangelo (1475-1564) schufen die Grundlage für die gegenständliche Zeichnung der heutigen Zeit und sicherten der Aktfigur einen sicheren Platz unter den künstlerischen Themenstellungen. Aktfiguren gab es auch schon in der römischen und griechischen Kunst, aber erst in der italienischen Kunst des 16. Jahrhunderts wurde die nackte menschliche Figur als eigenständige Form eingesetzt, mit der man den Bildern Kraft und Gefühl verleihen konnte. Die Verwendung der Aktfigur hatte weitere Höhepunkte mit den entschiedenen und dynamischen Figuren von Rubens, den klassischen Akten von Ingres (1780-1867) und den tanzenden Figuren von Degas (1834-1917).

In diesem Jahrhundert setzten zum Beispiel die Aktzeichnungen von Matisse (1869-1954) und Picasso diese Tradition fort. Das Überleben der Aktklasse in Kunstschulen zeigt, wie fest verankert das Zeichnen der menschlichen Figur im Lehrplan der Künstler heute noch ist.

Parallel zu dieser Entwicklung, wurde natürlich auch die bekleidete Figur in vielen religiösen, allegorischen und historischen Bildern weitergezeichnet und gemalt. Die wachsende Raffinesse in der Darstellung der nackten Figur bedingte auch einen zunehmenden künstlerischen Standard in der Wiedergabe bekleideter Figuren. Das Zeichnen und Malen von Porträts wurde schon zu römischen Zeiten gepflegt, um der Nachwelt das Aussehen der guten und großen Menschen zu erhalten.

Probleme beim Figurenzeichnen

Einige wichtige Weiterentwicklungen in der Abbildung der menschlichen Figur resultieren zwar aus der größeren anatomischen Kenntnis, doch ist ein solches Wissen nicht unbedingt nötig, um mit Erfolg eine Figur zu zeichnen. Was man wie beim Zeichnen irgendeines anderen Gegenstandes braucht, ist ein waches, aufmerksames Auge. Das Zeichnen der Figur wird oft als die größte künstlerische Herausforderung betrachtet. Viele Kunststudenten, die in anderen Themen brillieren, vermeiden die menschliche Figur. Von vielen Gründen dafür sind zwei besonders herauszuheben: Zuerst ist es beim Zeichnen von Figuren besonders schwierig, keine vorgefaßte Idee mitzubringen. Ganz unbewußt erinnert vielleicht eine bestimmte Haltung an ein bewundertes Gemälde, und schon versucht man dieses nachzuahmen, anstatt das zu zeichnen, was vor einem steht. Der zweite Grund liegt daran, daß wir viel mehr über den menschlichen Körper wissen, als zum Beispiel über Tiere und Bäume. Ein gezeichneter Baum sieht immer in etwa wie ein richtiger Baum aus. Irgendein Fehler beim Zeichnen von Figuren fällt dagegen sofort ins Auge.

Ob man nun einen Akt oder eine bekleidete Figur zeichnet, die Vorgehensweise ist immer dieselbe. Die Figur muß in einfachen Formen gesehen werden, die zusammenpassen. Die Proportionen müssen genau stimmen und von größter Wichtigkeit ist die richtige Balance der Figur, vor allem bei stehenden Figuren.

Es gibt keinen besseren Weg zur Richtigstellung der Balance als mit Hilfe eines Bleilots. Zeichnungen von Degas zeigen selbst noch in seiner Reifezeit die Angaben von vertikalen, mit dem Lot angelegten Linien zur Sicherung der Figurenstellung.

Porträtzeichnung

Beim Porträtzeichnen tauchen die gleichen Fallen auf wie beim Figurenzeichnen. Hinzu kommt die angestrebte Ähnlichkeit der sitzenden Person. Das Geheimnis des Erfolges liegt in der genauen Beobachtung und Umsetzung der wichtigen und charakteristischen Gesichtszüge. Zunächst ist wichtig festzustellen, daß kein Gesicht ganz symmetrisch geschnitten ist, wie Sie vielleicht noch annehmen. Gerade sein assymetrischer Zuschnitt ist entscheidend für die Ähnlichkeit, so wie die leichte Übertreibung herausstechender Merkmale im Gesicht.

Ganz wichtig ist das richtige Stellen des Modells für eine Aktzeichnung nach dem Leben, eine Kleiderstudie oder ein Porträt. En-face-Ansichten und Profilansichten sind oft schwer zu erfassen und sehen darum flach aus. Ich kenne zum Beispiel keine einzige überzeugende Zeichnung und kein Gemälde, die eine von vorn gesehene, sitzende Figur in der richtigen Verkürzung der Schenkel, nämlich als zwei Ovale, zeigen. Dreiviertel-Ansichten mit der Lichtquelle aus einer Richtung lassen die Formen der Figur am besten erkennen und wiedergeben.

Figuren in Bewegung

Bis jetzt haben wir uns mit statischen Figuren beschäftigt. Doch gehört das Zeichnen von Figuren in Bewegung zu einem wesentlichen Teil des Figurenzeichnens. Wenn die zu zeichnende Person eine Reihe sich wiederholender Bewegungen ausführt, wie ein Tänzer zum Beispiel, muß man sehr schnell eine Reihe von Zeichnungen hintereinander machen oder sich darauf konzentrieren, den Körper in einer Stellung festzuhalten, genau zu beobachten und dann schnell wiedergeben.

Das Zeichnen von sich bewegenden Figuren erfordert einen gestischen Einsatz: freie lineare Zeichnungen mit dem Bleistift, der Holzkohle, der Feder oder vielleicht auch einem feinen Pinsel. Schnelle Skizzen brauchen nur wenige Sekunden und können bereits die Grundzüge eines Bewegungsablaufs festhalten. Eine Figur kann in einem bestimmten Augenblick der Bewegung dargestellt werden und trägt doch die ganze Bewegung mit sich.

Eine der besten Wege zum Verständnis einer bestimmten Bewegung und der besseren Wiedergabe ist das eigene Ausprobieren dieser bestimmten Bewegung. Das läßt Sie die besonderen Beanspruchungen des Körpers fühlen und vereinfacht ihre Darstellung in der Zeichnung.

Welches Material soll man verwenden?

Figurenzeichnen gründet auf der Darstellung komplizierter Formzusammenhänge. Diese Formen müssen mit dem Hintergrund entweder verbunden oder in einigen Fällen auch mit ihm verschmolzen werden. Die Beziehung zwischen Figur und Hintergrund ist sehr entscheidend, damit die Figur nicht flach und formlos aussieht. Jedes Zeichenmaterial kann für die Figurenzeichnung verwendet werden. Es gibt ausgezeichnete Beispiele von Zeichnungen in allen möglichen Techniken und Kombinationen verschiedener Materialien. Nehmen Sie ein Zeichenmaterial, das runde Formen leicht ausdrücken läßt. Holzkohle und Lavierungen eignen sich sicher für viele Gelegenheiten des Figurenzeichnens am besten.

Stehende Figuren

Das Zeichnen stehender Figuren offenbart ganz eigene Probleme. Selbst für ein erfahrenes Modell ist das Stehen viel anstrengender als das Sitzen oder Liegen. Deswegen braucht das Modell hier viel mehr Ruhepausen und kann sich auch während des Stehens unvermutet bewegen. Dieses noch so geringe Bewegen ist schon das erste Problem. Viele Künstler markieren die Stellung der Füße des Modells mit Kreide auf dem Boden (oder auf einem großen Stück Papier, auf dem das Modell steht), damit die Grundstellung immer wieder eingenommen werden kann. Jeder Mensch ist anders gebaut. Daher muß man die Grundproportionen immer wieder neu ausmessen. Anfänger neigen dazu, den Rumpf der Figur zu groß zu zeichnen und vergessen dabei, daß der Kopf etwa einem Siebtel der Größe der Figur entspricht, und daß die Beine der Hälfte entsprechen. Das größte Problem bei den Proportionen ist die Stellung der Figur in der Zeichnung. Die Verteilung des Gewichts der Figur, auf einem Bein oder auf beiden, muß festgelegt werden und ganz entscheidend dafür ist die absolut richtige Stellung des Nackens, der Hüften und der Füße. Als Bezugsraster kann der Künstler jede vertikale Linie im Hintergrund verwenden, zum Beispiel die Ecke eines Zimmers oder einen Fensterrahmen. Das beste Mittel ist aber die Fällung des Lots, um die genaue Stellung der Hauptteile einer Figur zu kennzeichnen.

Diese in schwarzer Tusche ausgeführte Silhouette zeigt deutlich, wie die sorgfältige Anlage der Hauptformen der Figur immer noch den Eindruck von drei Dimensionen ergibt; trotz der flächigen Darstellungsweise.

Diese Figur wurde mit Tusche und Feder freizügig gezeichnet. Trotz der weiten Kleider fühlt man die Struktur der Figur darunter. Auch die Spannung der Hand um den Stock wurde sehr schön wiedergegeben. Beachten Sie die Variationen in der Linienführung und wie diese zum Volumen der Figur beitragen.

Diese Bleistiftzeichnung ist ungefährt 56 × 76 cm groß und zeigt einen sehr kühnen Einsatz des Bleistifts. Im Hintergrund wurden drei völlig verschiedene Texturen mit Schraffuren erzeugt. Sorgfältig verriebene Töne geben das Gesicht und den Rumpf der Figur wieder. Ein deutlich hervortretendes Muster betont den Rock. Das auf die Schulter fallende Licht wurde mit dem Radiergummi abgehoben.

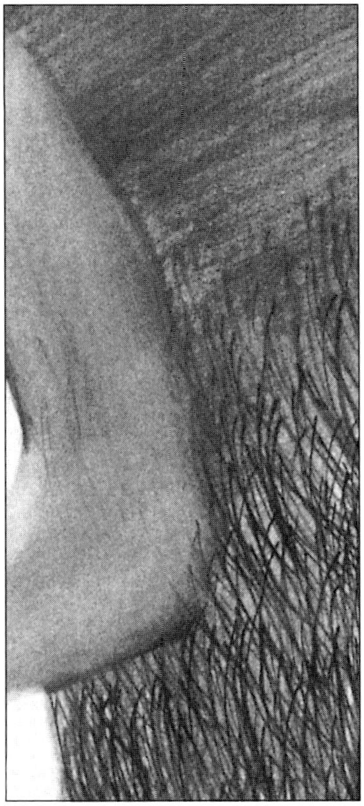

Eine sehr glatte Textur erreicht man durch Verreiben mit dem Finger oder einem harten Radiergummi. Das Detail (oben) zeigt die Vielfalt der Texturen.

Hier wurde mit einer Kombination von Linie und Schattierung in Holzkohle gearbeitet. Beachten Sie die Neigung der Schultern und die Gegenbewegung des Beckens. Das Gewicht liegt auf dem rechten Bein, dessen Fußknöchel genau unter dem Nacken der Figur zu stehen kommt. Diese Dinge müssen genau gezeichnet werden, damit eine stehende Figur überzeugend aussieht.

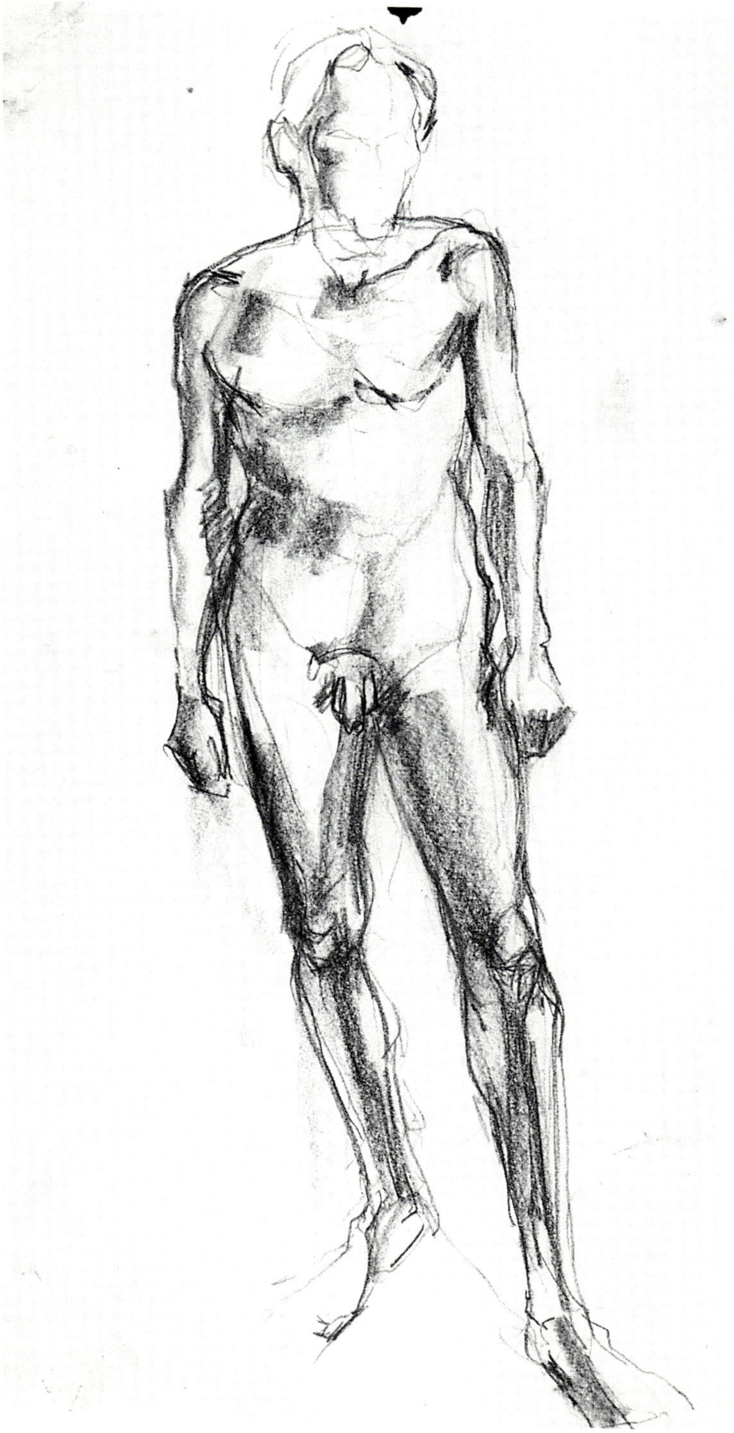

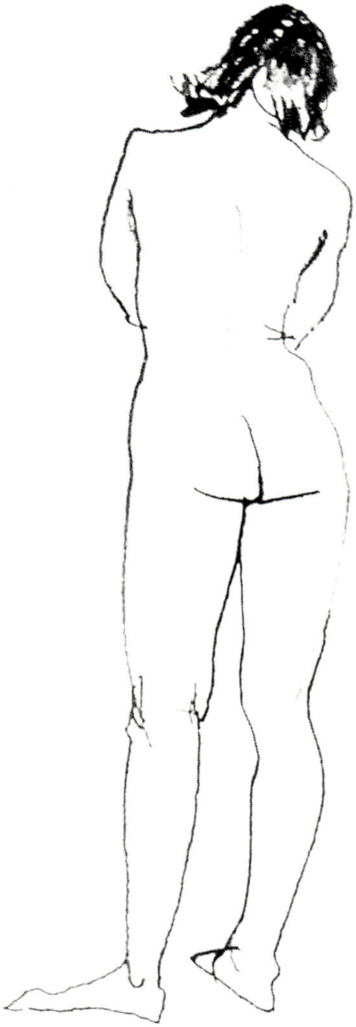

Diese Linienzeichnung wurde mittels eines in Tusche getauchten Streichholzes gemacht. Die Form der Figur wurde nur mit einer Linie umrissen. Überschneidungen und Variationen der Linienführung reichen aus, um einen dreidimensionalen Eindruck wiederzugeben.

In dieser Skizze wurden verschiedene Zeichenmittel kombiniert. Umrisse und Konturen wurden mit Bleistift und brauner Kreide wiedergegeben. Helle Aquarellavierungen deuten den Hintergrund an. Schraffuren in Aquarell und Bleistift modellieren die Form der Figur.

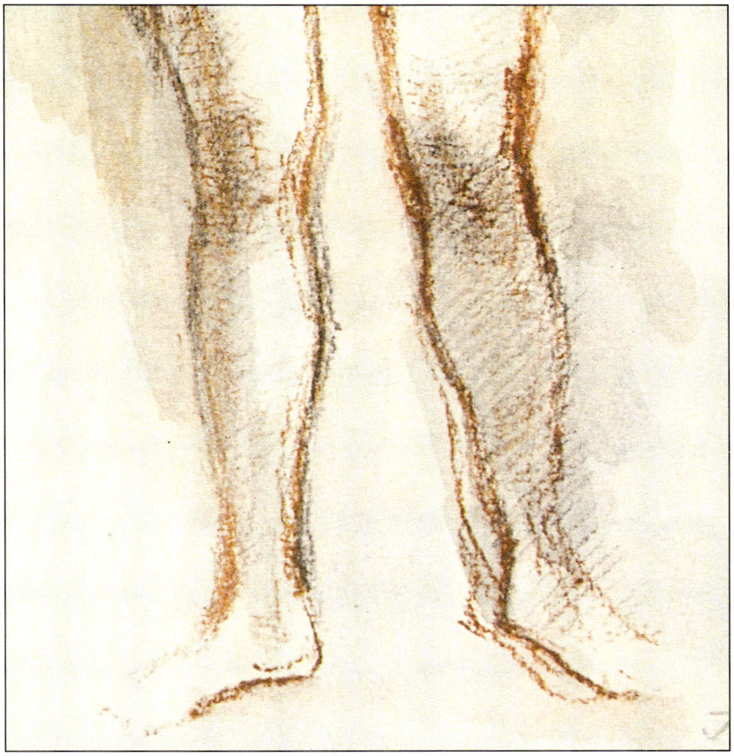

Mit dem Bleistift wurden noch letzte Feinheiten eingezeichnet. Schattierung die Schattengebung wurden verstärkt.
Sehen Sie, wie die Stellung des hinteren Beines verbessert wurde. Die ursprüngliche Linie wurde nicht ausradiert. Solche Spuren werden „Pentimenti“ genannt und machen die Zeichnung lebendig.

Sitzende und liegende Figuren

Das größte Problem beim Zeichnen sitzender oder liegender Figuren ist die Verkürzung. Wenn man eine liegende Figur zum ersten Mal zeichnet, kann mit Hilfe der Perspektive die relative Größe der einzelnen Teile der Figur ermittelt werden. Gegenstände in Verbindung mit der zu zeichnenden Figur können sehr hilfreich sein. Wenn die Figur zum Beispiel auf einem Bett liegt, kann man mit Hilfe der rechtwinkligen Fläche des Bettes leichter den richtigen Neigungswinkel der Figur bestimmen. Wenn die Figur auf einem Stuhl sitzen soll, ist es wichtig, den Stuhl richtig zu erfassen, selbst wenn er nicht im Detail erscheint. Dann läßt sich erst die Figur in der richtigen Stellung auf dem Stuhl festhalten.

In fast jeder Zeichnung einer sitzenden oder liegenden Figur gibt es Winkel und Flächen, die oft sehr deutlich zurückweichen. Deshalb ist die Wahl des Blickwinkels sehr wichtig. Am besten, man vermeidet den Frontalblick auf die Figur.

Noch so richtig gesetzte Verkürzungen sehen wenig überzeugend aus, wenn die Figur zum Beispiel flach ausgestreckt liegt und entweder vom Kopf oder von den Füßen her angeschaut wird. Genauso komisch kann eine gut plazierte Figur aussehen, wenn sie vom Kopf her gezeichnet wird. Kurz, es gibt zwei goldene Regeln: Versuchen Sie mindestens ein ungewöhnliches Element in die Stellung hineinzubringen und vermeiden Sie Blickwinkel, die zu starke Verkürzungen herausfordern.

Bei der abgebildeten Studie in Contékreide wurden die beschatteten Seiten des Gesichts und des Körpers in Schattierungen und Schraffuren angelegt. Eine Andeutung des Volumens wurde durch verstärkte Dichte, aber auch Aufbrechen der Linien gegeben.

Beim Zeichnen müssen Sie die Form der Kontur nachfühlen können. Sie werden merken, wie die Linienführung sich von selbst verändert.

Sensibilität ist der Schlüssel für diese Studie von Mutter und Kind, ausgeführt in Kreide für die Umrißlinien und in Pastell für die Schraffuren und Schattierungen der Gesichter. Beachten Sie, wie die Figur mit dem Hintergrund verschmilzt.

Der Ausschnitt zeigt, wie geschickt der Künstler das Profil mit einigen wenigen Kreidestrichen angedeutet hat und den Rest der Phantasie des Betrachters überläßt. Weißes Pastell gibt das Licht auf den Brillengläsern wieder.

Diese Figur wurde in Kauerstellung wiedergegeben, als ob sie das Motiv für eine Bildhauerarbeit abgeben sollte. Der Künstler hat einen einzigen Formkomplex gezeichnet und ihn zunächst mit Bleistift und dann mit Acryl, Contékreide und Holzkohle aufgebaut.

Mit Tusche und Feder wurde diese Figurenstudie gemacht. Die Hauptelemente der Figur wurden in kühnen Federzügen hingelegt und dann mit zum Teil verdünnten Tuschflecken verstärkt, um der Figur Volumen zu geben.

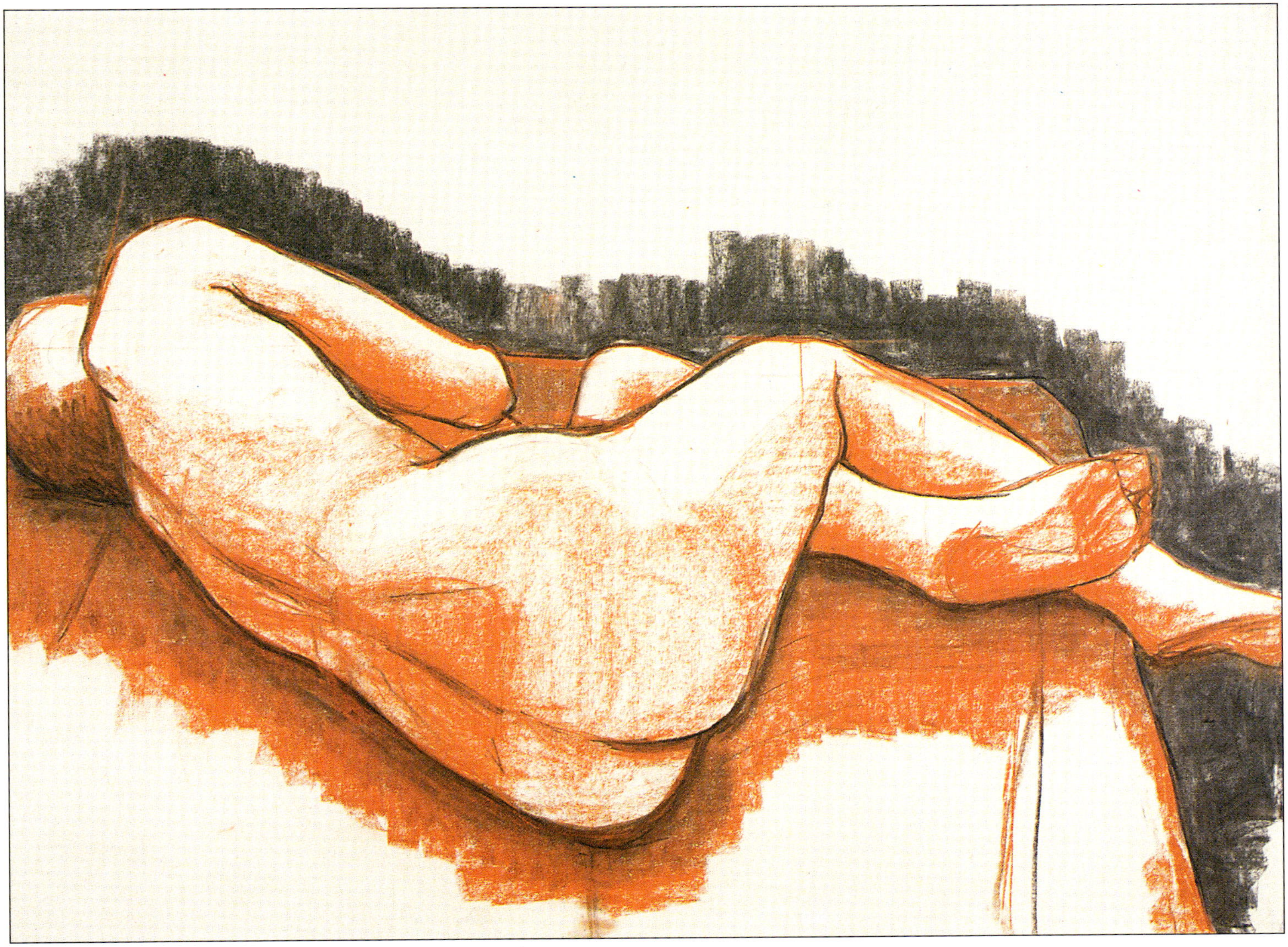

Rote und schwarze Contékreide passen in einer Figurenzeichnung gut zusammen. Die körnigen Mitteltöne der roten Kreide drücken das weiche Leuchten der Körperoberfläche aus. Mit der schwarzen Kreide kann man die Umrisse verstärken und dunkle Schattenpartien anlegen. In diesem Beispiel sollte das weiße Papier durch die strukturierte Lichthöhung durchscheinen. Die Schattierung wurde unter Verwendung der Breitseite der Kreide einfach gehalten. Der ökonomische Einsatz der Mittel hat ein nicht überladenes, plastisches Bild ergeben.

Ein weicher Bleistift kann sowohl Linie als auch Tonwert geben. Er ist ideal für diese Art von ausgearbeiteter Skizze. Kinder gehören bekannterweise zu den schwierigen Modellen, weil sie nie lange stillsitzen können. Daher muß man sie schnell skizzieren und versuchen, die latente Energie und Bewegung zu erfassen, bevor sie wirklich vom sitzenden Modell ausgeübt wird. Der Linienfluß ist weich und gleitend; er erfaßt die entspannte Stellung des Modells.

Figuren in Bewegung

Es gibt eine Menge schnell zugänglicher Motive für das Zeichnen von Figuren in Bewegung.
In vielen Zeichnungen wird Bewegung durch Festhalten eines bestimmten Augenblicks wiedergegeben. Eine Gefahr liegt darin, daß ein solch eingefrorener Bewegungsmoment sehr leicht statisch wirkt, wenn nicht noch andere Bewegungen vorher und nachher den Ablauf erklären. Manchmal macht schon der freie Zeichenstil die Bewegung deutlich. Öfter hängt es aber von der klugen Auswahl der jeweiligen Bewegungsphase ab.
Ausgangspunkt ist die genaue Beobachtung und die schnelle Reaktion. Der Künstler muß die wichtigen Elemente erkennen, bevor die Bewegung abgelaufen ist, sie im Gedächtnis speichern und dann wiedergeben.
Üben Sie das beim Zeichnen von Menschen, die immer wiederkehrende Bewegungsabläufe zeigen, wie Golf- oder Tennisspieler. Dann können Sie die Bewegung wiederholt ablaufen sehen und sie nach und nach der Zeichnung einfügen, anstatt sie gleich auf einmal festhalten zu müssen.
Das Zeichnen von Figuren in Bewegung fordert das visuelle Gedächtnis, wobei das Auge lernen muß, die wichtige Bewegung zu erfassen.
Verschiedene Pinselstriche in Tusche haben die wesentliche Bewegung der Tänzerin erfaßt. Die Figur hat viel Leben und Spannung. Der Kontrast zwischen der geraden Haltung des Armes und des rechten Beines und der Kurve des Rückens und des linken Beines wurde festgehalten. Zudem gelang die richtige Stellung des Standbeines, um die Balance zu zeigen.

Der Künstler hat eine überzeugende Studie eines Mannes gemacht, der ein Blasinstrument spielt. Erst bei näherem Hinsehen merkt man, wieviel lediglich angedeutet wurde. Zum Wesen der Zeichnung gehört es, Hinweise oder Zeichen zu geben, die der Betrachter automatisch ergänzt. Und doch ist alles da: die dunkle, ins Gesicht fallende Haarsträhne, die Fliege und das straff am Bund anliegende Hemd, zusammen mit dem Bläser, der in typischer Weise die Lippen um das Blasinstrument schließt. Die Zeichnung wurde in Tusche und Feder gemacht.

Eine gelungene Kombination von Mischtechniken ergab diesen energischen Radfahrer. Der Ausgangspunkt war eine Collage. Gedruckte Texturen, Formen und Bilder wurden aus Zeitschriften ausgeschnitten und zu einer Komposition zusammengestellt. Im nächsten Schritt wurde von der Collage ein Fotoabzug in Schwarz-Weiß gemacht, der dann mit Feder, Pinsel, Tusche und Aquarell weiterbearbeitet wurde. Auf diese Weise ist es möglich, wie in der Fotokopiezeichnung an verschiedenen Abzügen zu arbeiten.

Rechts eine Detailstudie von Tänzerinnen, die für den Künstler in einer bestimmten Haltung standen. Eine starke, aber abwechslungsreiche Linienführung in Conté kennzeichnet die Figuren. Die Beinmuskeln wurden mit Schraffuren und Rundschattierungen betont. Erste tastende Versuche, die richtige Stellung der beiden Körper zu erfassen, wurden stehen gelassen. Sie dienen nun dazu, Bewegung zu suggerieren. Mit Pastellkreiden wurde bei den Beinkleidern und den Tanzkostümen etwas Farbe angelegt.

In dieser freien Skizze eines Geigenspielers auf warm getöntem Papier hat der Künstler eine Vielfalt von Mitteln und Techniken verwendet. Mit einem feinen Pinsel wurde zuerst eine Aquarellavierung angelegt, und darauf folgend mehrere Lavierungen für den Hintergrund. Die Lichter auf dem Gesicht wurden mit einem Pinsel und sauberem Wasser ausgewaschen. Schließlich gab ein orangefarbener Ölpastellstift der Hand etwas Farbe. Weiße Gouache wurde für die dramatischen Lichter auf Kragen und Manschetten gewählt.

Lange ungebrochene Linien in Kohle halten diese Streckbewegung wunderbar fest. Sie werden von wenigen Flecken Aquarellfarbe für die Fleischfarbe und das Kostüm der Tänzerin ergänzt, um der Zeichnung eine wirklichkeitsgetreue, dreidimensionale Wirkung zu geben.

Figuren in Szene gesetzt

Es gibt wenig Figurenzeichnungen großer Künstler, in der die Figur isoliert auftritt. Der Hintergrund mag nur durch wenige Linien und Spuren angedeutet worden sein, doch immer gibt es hinter der Figur eine Andeutung davon. Dafür gibt es einige praktische Gründe. Das Erfassen der Szene, in der die Figuren vorkommen, kann auch beim Erfassen der Figuren helfen. Vertikale geben gute Bezugspunkte ab, wenn man stehende Figuren zeichnen will. Wenn man den Raum hinter einer Figur definiert, läßt sich ihr Volumen leichter bestimmen. Fehlt der Hintergrund, wirkt die Figur flächig.
Die Beziehung zwischen Figur und Hintergrund ist von großer Wichtigkeit. Die Lichtverhältnisse lassen vielleicht Teile der Figur im Hintergrund verschwinden.
Die Poesie einer Zeichnung hängt oft von der Weichzeichnung einer Kante hier und dem Vernachlässigen eines Details dort ab. Fast alle Anfänger machen den Fehler, eine Figur zu hart zu konturieren, wodurch sie vom Hintergrund abgeschnitten wird.
Die umgebende Szene wirft Probleme bei der Perspektive auf. Diese kann vorteilhaft eingesetzt werden, um eine Grundfläche zu schaffen. Der Maßstab der Figur im Vergleich zu der umgebenden Szenerie kann wiederum einen realistischen Eindruck der Zeichnung vermitteln. Der Hintergrund muß nicht im Detail gezeichnet werden, aber die Beziehung zwischen den Gegenständen und ihrer Umgebung darf nicht vernachlässigt werden.

Diese Feder- und Tuschzeichnung sieht verlockend einfach aus. Sie zeigt den ausgefeilten Gebrauch verschiedener Schraffurtechniken, unter anderem der Kreuzschraffur. Durch diese Technik erreichen Sie, die Tonwerte der Figuren und ihre richtige Stellung in Bezug zum Hintergrund zu kennzeichnen. Die Figuren wurden nicht genau ausgearbeitet. Die eingehende Betrachtung zeigt jedoch, daß mit großer Ökonomie der Mittel sehr viel über die Kleidung der Figuren ausgesagt wird. Besonders ausdrucksvoll ist die typisch geduckte Haltung des geduldigen Anglers und der gelangweilte Blick des gut gegen die Kälte eingepackten Kindes. Die Beziehung der Figuren zueinander, wie auch zur Landschaft um sie herum wurde sehr gut eingefangen.

Diese flink in Feder und Tusche ausgeführte Zeichnung wurde vor Ort gemacht. Die Intensität der Linienführung und der gut beobachtete Maßstab der Figuren vermittelt ein gutes Gefühl für den Raum, der durch die Andeutung der Bodenkacheln und der Deckenkonstruktion an Reiz gewonnen hat. Die Figur im Vordergrund wurde schnell gezeichnet, aber sorgfältig in Beziehung zum Stuhl gesehen. Die im Hintergrund an der Bar stehende Figur wurde gut auf die vertikalen Enden der Bar und der Eingangstür hin „ausbalanciert“. Das ist ein Beispiel für eine schnelle Skizze, wo der Künstler geschickt die vertikalen und aufeinander bezogenen Formen verwendet hat, um die Figuren in einen Zusammenhang zu bringen.

Für diese Zeichnung hat der Künstler verschiedene Zeichenmittel, wie Bleistift, Aquarell, schwarzen Faserschreiber und farbige Filzstifte verwendet. Der Hut der Figur im Vordergrund antwortet auf die Schirme über den Tischen hinter ihr. Ihr weißes Kleid schafft eine Verbindung zur Cafészene durch die vielen weißen Flächen, die in der Zeichnung offen gelassen wurden. Farbe wurde nur mit der Linie eines Filzstiftes und Lavierungen in Aquarell angedeutet. Der Künstler schafft durch Linien, Tonwerte und Farbe die Wirkung eines sonnigen Tages.

Mit einer feinen Feder wurden die Hauptlinien dieser Zeichnung überall eingezeichnet. Graue Lavierungen mit verdünnter Tusche wurden zugefügt, um die Schatten der Brücke und der entfernten Gebäude zu kennzeichnen.

Dann verstärkte der Künstler mit einer breiten Feder, die sonst für kalligraphische Zwecke gebraucht wird, den Vordergrund und die Figur. Trotz der Vielfalt in den Ausdrucksformen ist der Zusammenhalt in der Zeichnung gewahrt.

Diese Zeichnung ist voll mit dynamischen Formen und wirkt durch eine kontrastreiche Schattengebung. Dieses Zusammenspiel schafft eine scheinbar entspannte Atmosphäre, jedoch mit einer unterliegenden Spannung. Die Arme und Beine wurden zu ihren Kanten hin schattiert und ergeben dadurch stilisierte, gekurvte Formen. Die Farben wurden langsam aufgebaut. Das Prinzip der Farbgebung wurde in der ganzen Zeichnung durchgehalten, um eine gleichmäßige Balance und Harmonie zu erreichen.

Porträts

Eine gelungene Porträtzeichnung erfordert die Fähigkeit, einen plastischen, lebensnahen Kopf und wiedererkennbare Gesichtszüge des Modells schaffen zu können. Diese angestrebte Ähnlichkeit mit dem Modell hebt die Porträtzeichnung über das reine Figurenzeichnen hinaus. Die Grundprobleme der Porträtzeichnung hängen mit den Proportionen von Kopf und Gesichtszügen zusammen, der Asymmetrie des Gesichts und der Kennzeichnung der besonderen Merkmale, die ein Porträt sofort wiedererkennbar machen.

Matisse sagte einmal, Genauigkeit ist nicht die Wahrheit, und das bezieht sich wohl vor allem auf das Porträt.

Es gibt verschiedene Wege, Porträts zu zeichnen. Das kann eine langsame, methodische Konstruktion des Kopfes sein, wobei man sorgfältig auf den Unterschied zwischen beiden Gesichtshälften achten muß – die ja nie symmetrisch sind. Wenige Nasen, Augen oder Münder gleichen dem klassischen Schönheitsideal. Wenn man diese kleinen Unterschiede beachten lernt, verhilft das zu einer angemessenen Ähnlichkeit. Sie können auch direkt mit den hervorstechenden Eigenschaften Ihres Modells beginnen, zum Beispiel der Kopfform, den Augen, der Nase, den Lippen, dem Haar. Wenn Sie erst einmal diese charakteristischen Merkmale eingefangen haben, können Sie die Zeichnung zu der Genauigkeit weiterentwickeln, die Sie erreichen wollen.

Der Künstler hat für den Kopf einen Kohlestift und eine Kombination von Schattierung und Schraffur genommen. Die Schattierung auf dem Kopf geht sorgsam den Wangenknochen, der Stirn und dem Kinn nach, während die beleuchteten Teile des Gesichts als weiße Stellen des Papiers hervortreten. Diese Licht- und Schattenverteilung ergibt einen starken dreidimensionalen Effekt, der ergänzt wird durch die Linienzeichnung in Haar und Schal.

Diese Dreiviertel-Ansicht eines Kopfes wurde nur in Kohle ausgeführt. Die dunklen Tonflächen wurden schnell mit der Breitseite der Kohle angelegt. Schattenzonen und scharfe Linien wurden mit der Spitze gemacht. Die Lichthöhungen, die letzten Tupfer, die der Zeichnung Brillanz geben und den Lichteinfall verdeutlichen, wurden mit einem Knetgummi aus der Kohle gewischt.

In diesem Porträt eines Minenarbeiters fanden Papiercollagen für den Hintergrund und für die beschattete Kopfseite sowie Pinsel und Tusche für den Kopfumriß und die Gesichtszüge Verwendung. Die Dynamik der Zeichnung unterstreicht den energischen und vitalen Ausdruck der Person.

Ausgezeichnet eingesetzte Schattierungen und Schraffuren zeichnen diese Studie eines gedankenverlorenen Mannes aus (unten). Die anatomische Struktur der Hand wurde leicht angedeutet, als Kontrast zu dem viel dunkleren Gesicht. Die Schraffuren sagen wiederum etwas über Farbe und Textur von Haar und Bart aus. Die weichere Schattierung auf der anderen Kopfseite und auf der Nase gibt Volumen und Plastizität. Beachten Sie die geschickt eingesetzte Konturlinie auf der rechten Wange und der Stirn. Um die Nase zu zeichnen, war fast gar keine Linie nötig. Ein anderes Beispiel für die fein ausgewogene Balance dieses Porträts ist der Kontrast zwischen der frei schraffierten Krawatte und dem punktierten Hemdkragen.

Dieses lebendige Porträt (rechts) wurde in brauner Tusche und feinem Pinsel ausgeführt. Einige ergänzten Tupfen Aquarell das Porträt.

Der Künstler hat das wiedergegeben, was er für wichtig hielt. Der Kopf wurde mit wenigen vertikalen Strichen wie das Haar schraffiert. In wenigen frei gezogenen Linien wurden das gestreifte Hemd, die Weste und die Jacke angedeutet. Die Aquarelltupfen gaben dem Gesicht Farbe und betonten die Nase.

Diesem Abziehbild wurde durch leichte Schattierungen mit Farbstiften ein lebendiger Ausdruck verliehen, wie auch Augen, Nase und Mund betont. Das Abziehbild wurde aus einer farbigen Zeitschrift mit einem Lösemittel abgelöst und durch starkes Reiben auf ein sauberes Blatt Papier übertragen (s. zu Abziehbildern). Das Foto sieht nun wie weichgezeichnet aus und hat weich ineinander übergehende Töne.

Mit weichem Bleistift wurden die sensibel gezeichneten, plastischen Formen dieses Porträts gemacht. Die Konturen und weichen Modellierungen des Brustansatzes und des Halses wurden mit Schraffuren wiedergegeben. Nur die Gesichtszüge wurden genauer gezeichnet, auch leicht übertrieben, um die Aufmerksamkeit auf sich zu lenken. Das Haar wurde mit einfachen linearen Zeichen wiedergegeben, die das Gesicht einrahmen, ohne die Aufmerksamkeit abzulenken.

Die mit gestischen Bewegungen geführte Holzkohle schuf dieses kraftvolle Bild vietnamesischer Flüchtlinge. Nachdem die Hauptformen mit breiten Kreidelagen eingetragen waren, deckte die Künstlerin die ganze Zeichnung mit einer dichten Schicht Holzkohle zu. Dann ging sie mit dem Radiergummi hinein und wischte breite Lichter aus, so, als ob sie die Formen herausschnitzen wollte. Die fertige Zeichnung besitzt eine vereinfachte Tonwertskala. Die dunklen Tonwerte schließen sich zu einem einheitlichen Bild zusammen.

Figuren in Zeichenkohle

Holzkohle gilt als eines der flexibelsten und ausdruckstärksten Zeichenmittel. Die Reichweite der möglichen Tonwerte geht von hellen, silbergrauen Tönen bis zu satten, samtschwarzen. Das macht nicht zuletzt ihre Anziehungskraft aus.
In dieser Studie hat die Künstlerin eine kraftvolle Figurenzeichnung mit einer expressiven und gestischen Technik ausgeführt. Zuerst setzte sie kühne lineare Zeichen, erforschte dann die Sfumatoeigenschaften des Zeichenmittels und baute dann eine Komposition voller Emotionen auf.
Ab einem gewissen Zeitpunkt wirkte die Zeichnung zu massiv. Daraufhin wurde sie mit dem Radiergummi überarbeitet und aufgehellt.

1. Um der Zeichnung eine lebhafte Textur zu geben, wurde ein handgeschöpftes, grobkörniges Papier gewählt. Mit einem großen Stück Holzkohle wurden die Hauptlinien und wichtigen Formen der Komposition skizziert. Die Künstlerin arbeitete stehend vor dem Papier, das auf einer vertikal gestellten Zeichenstaffelei befestigt war. Das ermöglichte ihr, große flüssige Bewegung mit dem ganzen Arm durchzuführen, die das Bild mit dramatischer Energie aufladen. Bei dieser Zeichenweise ist es notwendig, öfter von der Staffelei zurückzutreten, um die Gesamtwirkung besser abschätzen zu können.

2. Nun nimmt die Zeichnung eine ungewöhnliche Wende. Die Holzkohle wird über das ganze Blatt gerieben, so daß es vollständig mit grauen und schwarzen Tönen bedeckt ist. Die ursprünglichen Umrisse sind nur noch durch die starken Schraffuren und gestischen Strichlagen sichtbar geblieben. Aufgrund der grobkörnigen Oberfläche des Papiers wird das Blatt nicht zu schmierig. Weiße Stellen bleiben sichtbar und bewahren Frische und Leuchtkraft der Zeichnung.

3. Mit einem harten Radiergummi überarbeitet die Künstlerin die Zeichnung und wischt helle Töne aus. Die Kante des Gummis ergibt schraffierte Striche, mit der Formen schärfer herausmodelliert werden können.

4. Mit ganz dünnen Holzkohlestäbchen werden in Verbindung mit dem großen Kohleblock die ursprünglichen Linien und Formen geschickt wiederhergestellt.

5. Das weiche, dichte Schwarz des Kohleblocks wird für die letzten Arbeitsgänge verwendet. Verstärkt werden die Augen, die Augenbrauen, der Mund und die führende Hand der Figur im Vordergrund. Die Überarbeitung wird jedoch auf wenige Striche beschränkt. Die wirkliche Kraft dieses Bildes liegt in den gestischen ausdrucksvollen Zeichen, die die emotionelle Beziehung der Künstlerin zum Motiv verdeutlichen. Die Zeichnung wurde in einem ständigen Fluß gehalten, während sich die Künstlerin auf die Hauptmotive konzentrierte. Der Radiergummi wurde hier nicht einfach als Korrekturmittel eingesetzt, sondern als dynamisches Ausdrucksmittel der Zeichnung verwendet.

Landschaft

Die Landschaftsmalerei gehört sicher zu den beliebtesten Themen der Kunst, besonders beim Hobbymaler und auch bei den Museums- und Galeriebesuchern.

Bei einem Thema, das so vielen Menschen Spaß macht, würde man allerdings nicht erwarten, daß es erst relativ spät während der letzten Jahrhunderte zu einem eigenständigen künstlerischen Genre erhoben wurde. Zwar gaben die östlichen Künstler schon sehr früh Naturabbildungen wieder, doch im Westen blieb die Landschaft lange Zeit Kulisse für die Handlungen im Vordergrund.

Die Idee des selbstständigen Landschaftsbildes geht auf das Mittelalter zurück, entwickelte sich aber erst mit Dürers genauen Naturstudien (1471-1528). Erst im 17. Jahrhundert wurde die Landschaftsmalerei von vielen Malern ausgeübt. Künstler wie Poussin (1593/4-1665) und Claude Lorrain (1600-1682) zum Beispiel, malten Landschaften mit Licht und Schatteneffekten, geschickt aufgebauten Wolken und Sonnenspielen. Die Künstler begannen, immer mehr zu reisen, ihr Ziel war zu dieser Zeit Rom. Aus ihren Naturbeobachtungen heraus malten sie Berge und Täler, die sie mit ihren Erfahrungen in Rom verknüpften.

Im flämischen Teil der Niederlande malte Rubens (1577-1640) Landschaften aus reinem Vergnügen, obwohl er bereits Anfang des 17. Jahrhunderts Hofmaler am spanischen Königshof war. Im 18. Jahrhundert wurde dann dieser Einfluß auch in England spürbar. Die englischen Künstler Cotman (1782-1842), Crome (1768-1821), Gainsborough (1727-88) und Constable (1776-1837) malten ihre Umgebung nach genauer Naturbeobachtung. Die Malerei dieser Künstler, sowie die von Turner (1775-1851), gilt bei vielen Kennern als der wichtigste Beitrag Englands zur europäischen Kunstentwicklung. Französische Künstler wie Monet (1840-1926) und Pissarro (1820-1903) malten ihre Landschaften, indem sie die Elemente mit Licht und Farbe betonten und ihrer „Impression“, ihrem Wahrnehmungseindruck von der Landschaft in ganz subjektiver Weise Rechnung trugen. Damit eröffneten die sogenannten Impressionisten neue Wege der Malerei, die zum Expressionismus und zur Abstrakten Kunst führten. In England führte eine traditionelle Künstlergruppe, unter ihnen Paul Nash (1889-1946) und John Piper (geb. 1903), die englische Landschaftstradition weiter. Auch heute wenden sich wieder viele Künstler dem Thema der Landschaft zu. Die Beschäftigung mit der Landschaft bietet von allen künstlerischen Themen die meisten Möglichkeiten. Das Problem bei fast jedem Landschaftsthema beginnt damit, einen Ausschnitt aus der vor Ihnen liegenden Landschaftsszene auszuwählen. Ein Motivsucher kann dabei helfen, ein Motiv herauszufiltern, das zum Malen geeignet ist. Sie können sich einen solchen Sucher aus einem Stück Karton machen, in das Sie ein rechtwinkliges Feld schneiden. Auch schnelle Skizzen können die Motivwahl erleichtern.

Drinnen oder draußen?

Viele Landschaften werden eher drinnen im Atelier als direkt vor Ort gemalt. Zunächst müssen dafür Skizzen, Studien und Farbnotizen direkt vor dem Motiv gemacht werden. Die Entscheidungsfrage, ob draußen das Bild zu beenden ist oder erst im Atelier, stellt sich jedem Landschaftskünstler. Wenn man vor Ort arbeitet, erreicht man eine Spontaneität und Dynamik, die nur sehr schwer, wenn nicht unmöglich im Atelier zu haben ist. Sie brauchen nur einmal die Skizzen von Constable mit seinen im Atelier gemalten Bildern zu vergleichen. Allerdings müssen Sie im Freien mit wechselnden Lichtverhältnissen rechnen. Im Atelier dagegen haben Sie genügend Zeit zur Verfügung, um das Bild sorgfältig zu Ende zu bringen. Studien in der Natur sind durch keine Arbeit im Atelier zu ersetzen. Aber schließlich muß sich jeder Künstler selbst entscheiden, welcher Weg für ihn der beste ist.

Textur und Perspektive

Leicht geht man beim Zeichnen einer Landschaft in die Falle, sich nur auf das Laub und Gras zu konzentrieren und alles andere zu vergessen. Ein Landschaftsbild erfordert hingegen eine harmonische Gesamtwirkung ohne einen besonderen Mittelpunkt. Im allgemeinen ist es schon sinnvoll, zum Beispiel einen Baum oder ein Felsstück als Blickfang im Mittelgrund einzusetzen, ohne jedoch das Auge vom Hintergrund ganz abzulenken.

Auch die Anwendung der Perspektive ist in der Landschaftsmalerei sehr wichtig, obwohl sie auf den ersten Blick vielleicht überflüssig vorkommen mag. Der Maßstab der Bildelemente vom Vorder- zum Hintergrund wie Bäume oder Hügel, muß richtig gegeben sein. Rechtwinklige Felder im Mittelgrund müssen so genau wie eine Reihe von Büchern in einem Stilleben gezeichnet werden. Mit der Perspektive kann man auch ein starkes Raumgefühl erzeugen, zum Beispiel entlang von Feldern, deren Furchen in die Ferne ziehen oder mit einer abnehmenden Texturperspektive der Getreidestoppeln.

Das Baumproblem

Bäume sind ein wichtiger Teil in vielen Landschaftsbildern. Sie so zu zeichnen, daß sie ihren besonderen Charakter zeigen und einen geeigneten Platz in der Zeichnung einnehmen, kann sehr schwierig sein. In gewisser Weise stellt das Zeichnen von Bäumen dieselben Probleme wie das Zeichnen von Blumen oder einer Figur. Sie müssen als einfache Form gesehen werden, zugleich aber auch zerlegbar in kleinere Elemente von Ästen, Zweigen und Laub. Sie müssen außerdem in der richtigen Balance von Stamm zu Laubdach konstruiert werden.

Welche Mittel soll man verwenden?

Tusche und Lavierung oder Mischtechniken eignen sich gut, um die Texturen und Kontraste von Felsen, Feldern und Bäumen wiederzugeben oder um die schnell treibenden Wolken aufzuzeichnen. Man kann beispielsweise jede Federzeichnung lavieren oder mit Aquarellfarbe überarbeiten. Für gute Effekte ist das richtige Papier und der sparsame Umgang mit Tusche notwendig. Spiegelungen, Wolkenbildungen und Schatten sind Beispiele für Landschaftselemente, die oft schnell skizziert werden müssen, und dann erst später in die Zeichnung umgesetzt werden können.

Landschaft muß nicht bedeuten, daß man immer nur Bäume und Felder zeichnet! In dieser lebhaften Contézeichnung wetteifern Figuren, Häuser, Esel und Boote um Ihre Aufmerksamkeit.

Jahreszeiten

Vielleicht ist der faszinierendste Aspekt einer Landschaft ihre ständige Veränderung. Die Jahreszeiten und die damit verbundenen unterschiedlichen Wetterbedingungen dienen als unerschöpfliche Quelle der Inspiration. Ein starkes Sommerlicht erfüllt die Landschaft mit Farbe und dunklen Schatten, ein ideales Motiv für eine Pastellzeichnung. Die gleiche Ansicht im Winter könnte dem Künstlerauge als Motiv für eine kalligraphische Pinselzeichnung in Schwarzweiß dienen. Ein Sturm kann eine ruhige Szene in eine Arena voller Kontraste und Dramen verwandeln. Regen und Wind erzeugen beim Durchgehen einer Landschaft Bewegung. Ein ehedem unbewegt stehender Baum kann dadurch in ein sturmgepeitschtes Wesen verwandelt werden, das sich einer unsichtbaren Kraft zu beugen hat.

Um diese Wettererscheinungen auffangen zu können, ist es am besten, draußen mittendrin zu arbeiten. Geräusche und Gerüche gehören zu den wichtigen Erfahrungen beim Auffassen von Wetterverhältnissen. Versuchen Sie das verwendete Zeichenmittel bis an seine Grenzen zu nutzen.

Die eigentliche Zeichentechnik sollte das Motiv unterstreichen. Die Holzkohlezeichnung eines Sturms kann so expressiv sein, daß sie ein Patina bildet, als ob sie dem Wetter ausgesetzt worden wäre. Die zarte, lockere Zeichnung in Linie und Lavierung scheint zu vibrieren, als ob ein leichter Wind sie durchzieht.

Diese drei Studien wechselnder Jahreszeiten ergründen die physikalischen Veränderungen in der Landschaft wie auch die farblichen Veränderungen. Farbstifte und eine Vielfalt von Schraffurtechniken geben die wechselnden Konturen, Farben und Tonwerte wieder.

Der Tonwertkontrast im oberen Bild im hellen Sonnenlicht ist groß. Rechts ist die gleiche Szene im gedämpften Licht eines Wintertages gesehen worden. Der Tonwertkontrast hat abgenommen. Achten Sie auch auf die Veränderung der Grundform. In der Zeichnung auf der gegenüberliegenden Seite wurde die Hecke in ihrem nackten Winterkleid gezeichnet.

Die gestische Pinselzeichnung mit schwarzer Tusche (oben) half dem Künstler bei der Erprobung des harten linearen Rhythmus der blattlosen Äste. Das dunkle Gewirr der Baumformen und die heftigen Pinselstriche der umgebenden Landschaft geben gut das kalte windige Wetter wieder. Die Zeichnung läßt aber noch geschickt einiges der Phantasie des Betrachters offen. Der Boden mag zum Beispiel mit Schnee bedeckt sein.

Das Bild rechts wurde bis zu einem Punkt bearbeitet, an dem das Wetter selbst sich scheinbar im Bild niedergeschlagen hat. Druckerschwärze wurde durch ein Siebdrucknetz gerieben und ergab den strukturierten Papiergrund. Durch Aufbauen mehrerer solcher Schichten erzeugte der Künstler einen Sfumatoeffekt. Mit Ölkreide und Bleistift wurde das Bild dann bis zu diesem endgültigen Ergebnis weiterentwickelt.

Farbige Pastellkreiden fingen den dramatischen Effekt dieses Seestücks ein. Die Sonne bricht nach einem Sturm durch die Wolken. Weiße Schaumkronen wurden durch stellenweise offen gelassenes Papier angedeutet, dessen Weiß durch die Farbstrukturen leuchtet. Lebhafte kalligraphische Kritzellinien verstärken den Eindruck von Bewegung.

Eine andere stürmische Seeszene wurde vom Künstler mit Bleistift in seinem Skizzenbuch festgehalten. Hier wurde der schwere Himmel mit starken vertikalen Schraffuren wiedergegeben, die einen Regenguß aus am Horizont treibenden Gewitterwolken andeuten sollen. Wieder dienen frei gelassene weiße Stellen des Papiers zur Darstellung von Wellenformen.

Entfernung

Die Sichtweite in einem Stilleben oder in einer Figurenzeichnung mag nur wenige Meter betragen. In einer Landschaft kann sich die Sicht kilometerweit bis zum Horizont erstrekken. Der Blickwinkel in einem Bildausschnitt kann eng begrenzt werden oder das Panorama einfangen.
Die Erfindung und Entwicklung der Linearperspektive im 14. und 15. Jahrhundert war ein wichtiger Schritt in der bildnerischen Umsetzung von Entfernungen. Dazu kamen die Einsichten Leonardo da Vincis, der als einer der ersten Künstler die Tiefe in einem Landschaftsbild studierte. In seinen Tagebüchern erörtert er das Phänomen der Luftperspektive. In der Entfernung erscheinen sichtbare Dinge heller und blautöniger wegen der dazwischen liegenden Atmosphäre. Sich überschneidende Flächen zu zeichnen, ist eine andere Möglichkeit der Tiefendarstellung. Der Betrachter kann die logische Entwicklung von einer Fläche zur anderen verfolgen.
Wenn man einen Gegenstand bekannter Größe, wie einen Baum oder eine Figur, in eine Landschaft einbaut, gibt man einen Fingerzeig für das Erfassen weiterer Dimensionen. Es gibt jedoch keine ein- für allemal feststehenden Regeln in der Kunst. Turner hat tatsächlich anstelle aller bereits beschriebener Techniken einen unbestimmten Raum verwendet. Das dramatische Raumgefühl in seinen Bildern wird durch die vielen Farbschichten in dunstigen hellen Tönen erzeugt, die den Betrachter in eine unbestimmte Tiefe ziehen.

Sich überschneidende Tonwertflächen und Luftperspektive schaffen in dieser Zeichnung mit Bleistift und Lavierung ein Gefühl von Tiefe. Die hellsten Töne im Hintergrund wurden mit dem Pinsel und verdünnter Tusche geschaffen. Die dem Betrachter näher stehenden Gegenstände haben einen stärkeren Tonwertkontrast und sind genauer gezeichnet. Die untere Hälfte der Zeichnung blieb fast unberührt und bildet trotzdem eine starke Vordergrundform.

Die Wiedergabe einer Meeresaussicht ist immer schwierig. Viele Künstler führen im Vordergrund und im Hintergrund Gegenstände ein, die einen Größenvergleich möglich machen und die Entfernung aufzeigen.

Eine Doppellinie am unteren Ende der Zeichnung deutet den Horizont an und läßt eine weite Himmelsfläche frei, die von einer riesigen Wolke in Kreuzschraffurtechnik beherrscht wird.

Eine Landschaft mit hoch liegendem Horizont bietet viel Platz für die Darstellung einer sorgfältig entwickelten Abfolge von Bildgründen. Hier zieht die feine Abstufung von Farben, Tonwerten und Texturen das Auge in die Tiefe. Durch Verreiben und Vermischen der Pastellkreiden gelingt es dem Künstler, eine magisch aufgeladene Atmosphäre zu schaffen. Die in schwarzer Kreide gezeichneten Gräser des Vordergrundes nehmen langsam in der vertikalen Schraffierung ab und erzeugen dadurch den Eindruck von Tiefe.

Die Linearperspektive gibt dieser Kohlezeichnung einen tiefen, räumlichen Eindruck. Die auf einen Fluchtpunkt zusammenlaufenden Kompositionslinien führen das Auge bis zum Horizont. Die vorherrschenden nebligen Farbtöne der Zeichnung wurden durch vorsichtiges Verreiben der Holzkohle ins Papier erzeugt. Lichtflecken wurden mit einem Radiergummi herausgewischt. Sehen Sie, wie die stärksten Schatten und die hellsten Lichter den Dingen gegeben wurden, die dem Betrachter am nächsten liegen, wie z. B. der Rasenwalze.

Diese Skizze eines weiten Flußtales führt das Auge über zwei ganze Seiten des Skizzenbuches, bis zu den Hügeln in der Ferne, ohne die Perspektive zu vernachlässigen. Sensibel strukturierte Linien erforschen die rhythmisch verlaufenden Erhebungen der hügeligen Landschaft. Breitere Zeichenspuren, besonders im Vordergrund, deuten das Laub auf den Bäumen an. Die winzigen Boote auf dem Fluß sind ganz wichtig für den Maßstab und die Entfernung.

Suchende, fast hingeschriebene Linien führen den Betrachter von oben links in dieses Panorama. Sie entwickeln sich allmählich zu tiefen Schluchten und dann zu weiter weg liegenden Bergen. Die Bewegung des Auges verläuft ganz ähnlich wie beim Lesen eines Buches von links nach rechts. Ausschließlich mit dünnen Linien schwarzer Tusche gelingt es dem Künstler den Eindruck unendlicher Tiefe zu geben. Auch der Eindruck der Einsamkeit des in den Bergen liegenden Klosters ist sehr gut dargestellt, vielleicht deshalb, weil die Zeichnung direkt vor Ort mit Tusche und Feder gemacht wurde. Indem wir den Linien folgen, können wir dem Künstler bei der Arbeit an den Felsformationen sozusagen über die Schulter blicken.

Atmosphäre

Stellen Sie sich einen heißen Sommertag in einem kleinen nordischen Dorf vor und dann einen ähnlichen Tag irgendwo am Mittelmeer. Auch wenn die Wetterverhältnisse ganz ähnlich sein mögen, so werden Sie doch ganz unterschiedliche atmosphärische Situationen erwarten. Viele Künstler wählen ein Motiv nur wegen der Aura, die von ihm ausgeht. Das hängt nicht so sehr von den einzelnen Elementen ab, dem Wetter, den Häusern, den Menschen, sondern meistens von der Kombination all dieser Dinge. Auch unsere eigene Stimmung trägt zur Schaffung einer ganz bestimmten Atmosphäre bei und beeinflußt das, was wir sehen. Der Bauer sieht zum Beispiel das Land als Arbeitsplatz, während der Ausflügler aus der Stadt wohl von der Atmosphäre von Freiheit und Entspannung angezogen wird.
Wie kann also der Künstler die komplizierten und flüchtigen Eigenschaften von Stimmung und Atmosphäre einfangen? Man kann eine Landschaft in Kontrastbegriffen angehen: Ist die Stimmung entspannt oder anregend? Sind die charakteristischen Farben warm oder kalt? Ist die Luft klar oder dunstig, die Ansicht statisch oder dynamisch, das Licht dramatisch oder ruhig? Wenn Sie auf diese Weise vorgehen, können Sie eine umfassende Vision Ihres Motivs aufbauen. Verbinden Sie diese Analyse mit Ihrer gefühlsmäßigen Einstellung zu dem Motiv, und Sie werden bald die einzelnen Dinge nicht nur einfach abbilden, sondern auch ihr Wesen erfassen lernen.

Feine sich überlagernde Farbschleier wurden durch Reiben von Druckerschwärze durch ein Siebdrucknetz erzeugt. Der dadurch geschaffene Sfumatoeffekt wurde dann mit einer Zeichnung mit Graphitstiften und Ölkreiden verstärkt. Aus dieser ungewöhnlichen Kombination von Mischtechniken entstand die sehr suggestive Darstellung einer stürmischen See. Der Betrachter ist aufgerufen, die Zeichnung zu deuten, der Künstler führt das Auge durch abnehmende Größe der Zeichenspuren langsam in die Tiefe. Die Details ziehen die Aufmerksamkeit auf die unterschiedlichen Dichten der Zeichnung und die weißen Lichter in Ölpastell.

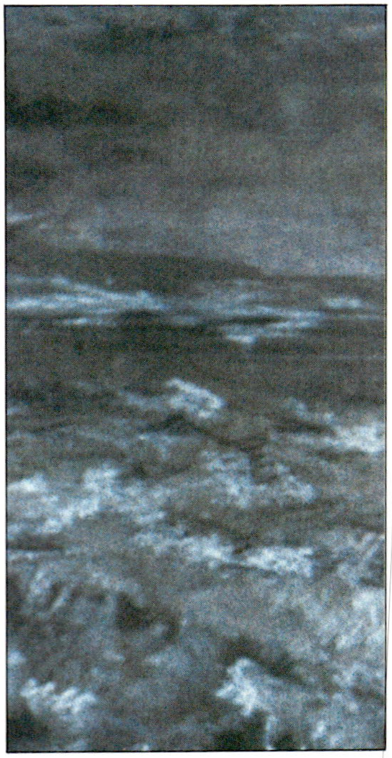

Ein getöntes Papier kann beim Bestimmen der Tonwerte hilfreich sein. Der Künstler wählte in diesem Beispiel (oben) ein rosafarbenes Papier und baute dann die Grundfarben mit der Breitseite von Pastellkreiden auf. Die breiten Kreideflächen wirken wie Lavierungen. Die Leuchtkraft des wunderschönen Himmels wurde mit Polieren mit einem weißen Pastellstift erreicht. Die Klarheit und Stille der Bäume und des Wassers schaffen eine ruhige und entspannte Atmosphäre.

Kräftige Zeichen in Holzkohle markieren diese dynamische Landschaft (rechts). Der Künstler hat die Möglichkeiten des Mediums gründlich erforscht: Tonwerte verreiben, Schatten schraffieren und Laub mit automatisch gesetzten Zeichen wiedergeben. In der oberen linken Hälfte der Zeichnung wurde eine Holzmaserung mittels Frottage eingeführt. Die fertige Zeichnung besitzt eine dramatische Atmosphäre.

Die Ausstrahlung der Sonne ist besonders in Schwarz-Weißtechniken schwer wiederzugeben. Selbst wenn die Tonwerte peinlich genau abgestuft worden sind, ist das Ergebnis oft langweilig und ohne Atmosphäre. Hier sieht man ein erfolgreicheres Vorgehen. Anstatt die Tonwerte genau wiederzugeben, drückt der Künstler die energetische Bewegung des Lichts mittels kalligraphischen Bleistiftzeichen aus. Das Licht scheint sich in konzentrischen Kreisen auszudehnen. Dichte Schraffuren geben den dunklen Ton des Felsens, der mit den Lichtreflexen im Wasser kontrastiert. Ein wunderschönes Bild ist entstanden.

Diese Kohlezeichnung eines Gartens hat etwas unwirkliches an sich. Der starke Lichteinfall von der Seite wie auch die belebten Muster der kahlen Winterbäume schaffen eine melodramatische Spannung. Die helle Beleuchtung vereinfacht die Tonwerte. Breite körnige Strichlagen ergeben die Mitteltöne, während die stärkeren dunklen Striche die Schatten der Bäume darstellen. Lichter werden durch Auslassen weißer Stellen im Papier und Auswischen mit dem Radiergummi gesetzt.

Die entspannte Atmosphäre dieser Zeichnung hängt mit den gedämpften Farben und der statischen Komposition zusammen. Die Pastellkreiden wurden ganz sensibel angelegt und nicht zu sehr bearbeitet. Sogar die Schatten sind mit farbigen Kreiden aufgelockert. Der Ausschnitt zeigt, wie einige Stellen mit weißem Pastell aufgehellt worden sind.

Besondere Einzelaspekte

Viele Landschaftskünstler reizt weniger die Form oder die Lage des Motivs, sondern ganz bestimmte Merkmale in der Landschaft. Das können Bäume, Häuser oder zum Beispiel Figuren sein. Ein herausstechendes Merkmal kann das ganze Panorama beherrschen, vielleicht das Muster von Feldern, ein Berg oder ein See. Wichtig ist, eine Landschaft so zu komponieren, als sähe man sie zum ersten Mal. Nehmen Sie nicht alles gleich für selbstverständlich. Selbst der gewöhnlichste Gegenstand kann noch neue interessante Aspekte zeigen. Das ist besonders beim Zeichnen von Bäumen wichtig. Allzu schnell fällt man in Verallgemeinerungen und produziert immer dieselben fabrikfertigen Musterbäume. Jeder Baum ist aber ein lebendes Wesen und hat eine ganz einmalige charakteristische Form, Textur und Farbe, die analysiert werden kann.
Figuren oder Tiere können einer Landschaft ein anekdotisches Element beisteuern und zum Fixpunkt der Komposition werden. Lassen Sie aber genauso furchtlos Dinge aus, die nichts zur Stimmung der Landschaft beitragen und sie womöglich ganz verderben. Das Ziel des Künstlers muß es sein, den Rohstoff des Motivs so lange zu bearbeiten, bis er das Beste herausgeholt hat.
Interessante Merkmale in einer Landschaft tauchen immer dann auf, wenn man gar nicht auf sie vorbereitet ist, zum Beispiel beim Reisen mit Bahn oder Auto. Nehmen Sie deshalb immer ein Skizzenbuch mit, um festzuhalten, was Sie später wiederverwenden könnten.

Eine große Vielfalt von Zeichen kann mit Tusche und Pinsel gemacht werden. Diese Kombination wurde daher passend gefunden, um die reichhaltige Mischung von Form und Textur dieser Landschaft mit Häusern, Bäumen und zugewachsener Vegetation darzustellen. Mit dem Pinsel hat der Künstler direkt vor Ort die feinen Umrisse der Bäume gezeichnet. Mit Flecken, pointillistischen Punkten und Schraffuren wurde dann das Laub ergründet. Um die energievollen Muster auszutarieren, ließ er an manchen Stellen das Papier frei. Das Weiß des Papiers kann so als vereinheitlichender Grund dienen.

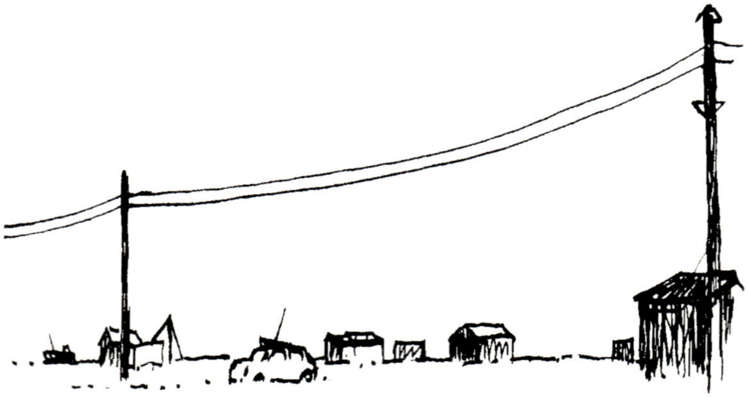

Selbst eine bescheidene Telefonleitung kann zu einem einnehmenden Motiv gestaltet werden. Mit der Strichführung wurde die Komposition auf die einfachsten Elemente reduziert.
Der Künstler benutzte hier eine Feder mit breiter Spitze.

Leicht geht man an Gitterzäunen vorbei, ohne sie auch nur eines Blickes zu würdigen. Doch wurden die in ihnen steckenden bildnerischen Möglichkeiten von vielen Künstlern bereits entdeckt und ausgelotet. Diese Parkszene wurde in hellen Tönen mit Kohle angelegt. Im Ausschnitt sieht man, wie das weiße Papier durch die verriebenen Farbtöne scheint und ein strenges Tonwertmuster erzeugt. Eine geschickte Federzeichnung mit schwarzer Tinte ergab zum Schluß die Gitterstäbe des Zauns. Die dunklen Tuschlinien kontrastieren mit der Kohlezeichnung und lassen sie noch heller und feiner erscheinen.

Diese Skizze einer verlassenen Goldmine in Colorado (oben) wurde mit weichen Bleistiften angelegt. Zunächst wurden die Proportionen und Hauptformen der Zeichnung in der Kontur gezeichnet. Dann wurde die Zeichnung langsam mit kontrollierten Schattierungen aufgebaut.

Beim Durchstreifen dieser Landschaft hat der Künstler ihre Formteile in einer schnellen Skizze (rechts) festgehalten. Farbkreiden und ein schwarzer Ölpastellstift verbinden sich mit einer lockeren Schraffur. Die Wolkenformen wurden wortwörtlich hineingekritzelt. Trotz der raschen und vereinfachten Niederschrift der Skizze hat der Künstler die wichtigsten Merkmale der Landschaft festgehalten, besonders die dunklen, punktförmigen Baumformen, welche die unebenen Hügel akzentuieren.

Ein solch alter Obstgarten hat Charakter und Geschichte. Die erstaunlichen Einzelheiten und die wunderschöne Textur dieser Zeichnung wurden peinlich genau mit kleinen Bleistiftstrichen aufgebaut. Im Detail kann man sogar die Dellen in den Äpfeln sehen. Mit der Breitseite des Bleistiftes wurden die grundlegenden Tonwerte geschaffen. Darüber wurden kleine Flecken, Punkte und Striche gesetzt. Um das auf die Bäume fallende Licht darzustellen, ließ der Künstler das Weiß des Papiers durch die Bleistiftspuren scheinen. Weitere Lichter auf den kleinen Zweigen wurden durch vorsichtiges Wegkratzen der Graphitschicht mit einem spitzen Bastelmesser geschaffen, um das Weiß des Papiers freizulegen.

Ein Federkiel kann so zugespitzt werden, daß eine große Vielfalt von Zeichenspuren möglich ist. Diese entspannte Tuschzeichnung verwendete so wenig Linien wie möglich; nur die, die der Künstler für interessant hält. Die Bäume sind gerade angedeutet und einige Krakel im Vordergrund ergeben eine Wiese. Der Künstler versucht die Gesamtatmosphäre schnell einzufangen, anstatt sich ins Detail zu verlieren. Unsere Phantasie wird stark angeregt.

Im Unterschied zu der obigen Tuschskizze ist diese Zeichnung voller Details. Der Grad an Feinheiten nimmt jedoch vom Vorder- zum Hintergrund ab. Ferne Hügel und angelegte Schiffe werden nur in feinen Umrissen gezeigt. Nähere Dinge werden genauer gezeichnet, um der Zeichnung Tiefe zu geben. Schwarze Lavierungen lenken die Aufmerksamkeit auf eine Katze, die unten links im Bild auf einem Zaun sitzt.

Auf zwei Seiten des Skizzenbuches wurde dieser wunderschöne exotische Baum mit dem Bleistift gezeichnet. Die schnell ausgeführte Zeichnung gibt in den Umrißlinien die Vielfalt der Blattformen wieder. Rundschraffuren modellieren den Stamm und die unteren Äste. Kurze schraffierte Striche schaffen die Schattenflächen unter dem Baum und deuten Gras an.

Landschaftszeichnung

In dieser Schritt-für-Schritt-Übung folgen wir der Entstehung einer dramatischen Landschaft. Der Künstler arbeitet mit brauner und schwarzer Tusche sowie Abdeckflüßigkeit. Er will nicht nur das Motiv ergründen, sondern auch die Eigenschaften der Zeichenmittel. Mit Pinsel, Federkiel und einer Vielfalt von Techniken geht er den zufällig entstandenen Effekten nach.

1. Diese teils aus der Erinnerung, teils anhand vor Ort gemachter Skizzen von Eichen an einem See wurden mit einer lebhaften Pinselzeichnung ausgeführt. Mit einem Marderhaarpinsel Nr. 8 und Gebrannter Siena-Tusche skizzierte der Künstler die Grundkomposition in gestischen, halbautomatischen Strichen. Nachdem diese erste Anlage trocken war, trug er Abdeckflüßigkeit mit einem feinen Pinsel auf, um Teile der Zeichnung für den weiteren Zeichenprozeß abzudecken.

2. Ein alter Borstenpinsel kommt doch manchmal wie gerufen. Der Künstler spreizte hier den mit Tusche geladenen Pinsel über das Bild und ließ einen Sprühregen feiner Punkte abgehen. Diese Spritztechnik sollte nicht nur Tonwerte aufbauen, sondern auch eine Textur ins Bild bringen.

3. Mit schwarzer Tusche und einem Marderhaarpinsel Nr. 2 legte der Künstler nun genauere Details an. Mit der Pinselspitze wurden die dekorativen Blattmuster geschaffen. Breite Spuren wurden mit der ganzen Borstenlänge gesetzt. Detail und Form wurden überall im Bild mit einer lockeren gestischen Technik eingesetzt. Jedes zufällig auftretenden Zeichen wurde mitverwertet.

4. Der Künstler ließ die Zeichnung zuerst trocknen. Dann rieb er vorsichtig die erstarrte Abdeckflüßigkeit vom Papier. Diese Phase ist immer spannend, da man nie genau weiß, wie die Zeichnung nachher aussehen wird, wenn die hellen weißen Lichter und die Pinselstriche aufgedeckt werden.

5. Die letzte Phase der Zeichnung wurde mit einer Feder gemacht. Der Kiel wurde nur wenig angespitzt, um die zeichnerischen Ausdrucksmöglichkeiten zu erhöhen. Hier zeichnete der Künstler in ein Feld, das vorher von Abdeckflüßigkeit verdeckt war.

Fotokopiezeichnung

Nachdem die Zeichnung fertig gestellt ist, werden mehrere Fotokopien davon gemacht, um alle weiteren Möglichkeiten des Entwurfs studieren und vergleichen zu können. Jede Kopie wird eigenständig weiterbearbeitet. Lichtveränderungen, Detailarbeit und Komposition werden schon am Kopierer erforscht. Die Originalzeichnung wird davon nicht berührt.

1. Die fertige Zeichnung wird mehrere Male fotokopiert. Die Kopien können entweder in der gleichen Größe wie das Original oder verkleinert werden. In diesem Fall sind alle Kopien A3-Verkleinerungen von einem A2-Original. Diese Kopien wurden auf weißem Papier gemacht. Es ist aber auch möglich, farbige oder gemusterte Papiere in die Maschine zu geben.

2. Starke Hell-Dunkelkontraste verwandeln das helle Tageslicht der Zeichnung in eine unheimliche, mondbeleuchtete Nachtatmosphäre. Mit schwarzer Tusche und einem Pinsel wurde dieses Bild weiter aufgebaut. Was früher die Mitteltöne waren, wurde jetzt als dunkle schwarze Flächen angelegt. Nur die hellsten Töne stehen dazu nun im Kontrast. Vom Original ausgehend könnten Sie einmal einen Zyklus von 24 Stunden mitsamt den wechselnden Lichtverhältnissen ausprobieren.

3. In eine Fotokopie kann man auch weiße Linien hineinkratzen. In Verbindung mit weißer Deckfarbe und schwarzer Tusche hat die Kratztechnik diese Kopie verändert. Sehen Sie, wie das auf die Bäume fallende Licht nun von einer anderen Seite kommt. Der mit Wasser gefüllte Mittelgrund wurde vollkommen übermalt und mit Gras bedeckt. Die dünnen Kratzspuren scheinen eine frische Herbstbrise anzudeuten. Die Bäume verlieren wieder ihre Blätter. Ebenso wie die Tageszeiten lassen sich in einer Fotokopiezeichnung auch Veränderungen in den Jahreszeiten erkunden.

4. Auf dieser Kopie hat der Künstler die Komposition völlig verändert, indem er die unerwünschten Formen mit Deckweiß zugemalt hat. Der große Baum links wurde vollständig ausgelöscht. Nun sehen wir die Bäume am Ufer eines Sees stehen. Die schwarzen Zeichenspuren vorne verdeutlichen gekräuseltes Wasser. Für die Lichter im Gehölz am Hintergrund wurde etwas ausgekratzt. Mit solchen Eingriffen können Sie so mutig umgehen, wie Sie es für richtig halten. Sie wissen ja, daß Ihr Original unbeschädigt bleibt.

Stilleben

Pflanzen, Blumen und Früchte tauchen zwar auch auf mittelalterlichen Manuskripten und schon vor dieser Zeit auf Bildern chinesischer und japanischer Künstler auf, aber das Genre der Stillebenmalerei in unserem Sinne entwickelte sich erst im 17. Jahrhundert in Deutschland und in den Niederlanden. Zuerst erschienen Stilleben als Teil des Hintergrundes, vor dem die Szene plaziert wurde. Künstler wie Rubens bezogen Schalen mit Früchten und Blumen in ihre religiösen Bilder mit ein. Die dafür gemachten Teilstudien von Stilleben waren zuerst nicht als eigenständige Bildthemen gedacht, wurden aber später aufgrund der geschickten und feinen Darstellung bestimmter Früchte und Blumen geschätzt.

Ein französicher Künstler namens Chardin (1699-1770) revolutionierte dann das Konzept des Stillebens. Er übertrug alle Techniken und Mittel der herkömmlichen Malerei auf das gewöhnliche Motiv eines Küchentisches. Mit der geschickten Plazierung von Lichtern betonte er die sinnlichen Genüsse von Essen und Trinken. Gerade dieser Aspekt seiner Arbeit beeindruckte auch die Impressionisten. Cézanne (1839-1906) fand im Stilleben ein ideales Motiv für die genaue und lange Beobachtung der Natur, die eine Grundlage seiner Malerei bildete. Später benutzten Braque (1882-1963) und Picasso das Stilleben als Demonstrationsmittel ihrer neuen Raumdarstellung - dem Kubismus. Nach Cézanne wird von vielen Kunstkennern Matisse als der Künstler genannt, der am meisten aus dem Stilleben herausgeholt hat. Viele seiner Bilder zeigen ein Interieur, das den Blick durch ein Fenster oder eine offene Tür ins Freie leitet.

Die Stillebengruppe kann aus irgendwelchen natürlichen oder vom Menschen hergestellten Gegenständen bestehen, entweder in Nahsicht betrachtet oder weiter entfernt, als Teil eines Raumes oder eines anderen Interieurs. Allgemein üblich ist zwar die Sammlung und Zusammenstellung der Gegenstände vor dem Zeichnen, doch können einige Fundstücke ebenso zu schönen Stillebenbildern anregen. Ein Tisch nach dem Essen oder ein Haufen aussortierter Pflanzentöpfe und Gartengeräte in einem Schuppen gehören zu den Motiven, die sogar große Maler angeregt haben.

Bei dem Wort Stilleben denkt man gewöhnlich an alltäglich benutzte Gegenstände, auch an Nahrungsmittel und Blumen. Stilleben kann aber genausogut einen vom Menschen hergestellten Gegenstand zeigen, der in eine bestimmte Position gebracht wird. Das gilt selbst für große Maschinen und Autos. Das Stilleben kann zwar auch auf solche unbelebten Dinge aus der Außenwelt ausgedehnt werden, doch ist es vor allem ein Innenraummotiv, sicher vor allen Ungewißheiten des Wetters. Selbst bei einem vorgefundenen Gegenstand kann die Beleuchtung kontrolliert werden und die Gegenstände können ungestört immer wieder vorgenommen werden.

Die für ein Stilleben ausgewählten Gegenstände können beispielsweise wegen ihrer malerischen Eigenschaften, ihrer Farbe, Textur, oder Form ausgewählt werden. Stillebengruppen können aber auch aus Gegenständen bestehen, die für sich genommen eine Bedeutung haben. Als im Zuge der Reformation die religiöse Malerei langsam aus Nordeuropa verschwand, wurde die Stillebenmalerei quasi religiös: Stundengläser, Totenschädel und Kerzen bedeuteten die Sterblichkeit des Menschen. Brot, Wein und Wasser stellten die Eucharistie dar. In ähnlicher Weise vertraten Blumen und Früchte in den Stillebenbildern die Jahreszeiten. Selbst die gestellten Stilleben, mit Fleisch, Brot, Früchten und Wein beladene Küchentische oder Anrichten haben ihren Ursprung im religiösen Bereich. Motive des Stillebens können auch teure Besitztümer sein oder sie zeigen, zu welcher Virtuosität der Maler fähig ist, wenn er zum Beispiel schimmernde Oberflächen oder die kontrastierenden Texturen von Pflaumen oder samtigen Pfirsichen malt.

Stilleben werden häufig in der Ecke eines Zimmers aufgebaut oder in einer künstlichen „Ecke" aus zwei Brettern im rechten Winkel. Diese Bretter können dann in der jeweils zum Stilleben passenden Farbe gemalt werden. Innerhalb dieser Grenzen ist eine ungeheure Vielfalt von Kompositionen mit einigen wenigen Dingen möglich. Der italienische Maler Morandi, 1964 gestorben, zeichnete, malte und radierte in den fünfzig Jahren seiner Künstlerlaufbahn zum Beispiel unzählige verschiedene Zusammenstellungen von Flaschen, manchmal setzte er einen Krug und eine Öllampe dazu.

Stilleben müssen sehr sorgfältig aufgebaut werden, jedoch nicht zu kleinlich. Die gelungene Komposition im Bild entscheidet ja über das Gelingen der Zeichnung oder des Gemäldes. Oft ist es am besten, die Gegenstände sehr schnell und wie zufällig anzuordnen und dann verschiedene Ansichten auszuprobieren, welche die besten malerischen Möglichkeiten bieten. Die größte Gefahr der Zusammenstellung vor dem eigentlichen Malen ist eine zu isolierte Stellung der Dinge, die später im Bild ganz verloren wirken. Die Gegenstände sollten im allgemeinen so angeordnet werden, daß sie sich leicht überschneiden und zwischen ihnen außerdem interessante Zwischenräume offen bleiben, die im Bild den Raumeindruck hervorrufen (sog. Negativformen). Wählen Sie immer eine Gruppe von Dingen aus, die Sie lange Zeit unbekümmert stehen lassen können. Eine „zufällig" gefundene Gruppe von Dingen kann sich sehr schnell verändern oder auseinander gerissen werden, so daß nur eine schnelle Zeichnung möglich ist.

Das Licht sollte auf ein Stilleben idealerweise nur von einer Seite einfallen. Das ergibt einen starken Hell-Dunkelkontrast und betont die Plastizität der Dinge. Besonders wenn das Licht künstlich und stark ist, muß das Stilleben sorgfältig in Beziehung zur Lichtquelle gesetzt werden. Manche Lichtquellen können Schatten werfen, die einige der Gegenstände völlig verbergen. Denken Sie auch daran, daß künstliche Lichtquellen die Farben der Dinge verändern können.

Diese künstlerische Fähigkeit, die Gegenstände geschickt zu plazieren und zu beleuchten ist das Hauptthema des Stillebens. Daher eignet sich das Stilleben besonders gut für eine lange, kontrollierte Arbeit am Gegenstand.

Alle Zeichenmittel sind für das Stilleben geeignet, besonders die, welche über eine längere Zeit Tonwerte und Farben aufbauen lassen, wie Bleistift zum Beispiel. Auch alle möglichen Techniken können verwendet werden, wie Schraffuren, Schattierungen usw. Lineare Zeichen und Lichter sind besonders für die Detailarbeit zu empfehlen.

Verpackungsmaterial ist einer der offensichtlichsten Aspekte der modernen Wirtschaft. Man kann daraus ein ungewöhnliches und interessantes Motiv für ein Stilleben zusammenstellen. Für diese Zusammenstellung war die Schabtechnik wegen ihrer starken Schwarz-Weißstruktur gut geeignet.

Einzelgegenstände

Das Thema des Stillebens umfaßt eine unerschöpfliche Vielfalt von unbelebten Dingen. Wenn Sie einmal anfangen, über die traditionellen Dinge des Stillebens, über Krüge und Blumen hinauszugehen, bietet sich Ihnen eine grenzenlose Auswahl. Ein Stilleben fassen wir meistens als Gruppe von Dingen auf. Es ist aber auch möglich, nur von einem einzelnen Gegenstand eine Zeichnung zu machen. Im Allgemeinen muß der ausgesuchte Gegenstand für sich interessant genug sein, um dazu anregen zu können. Doch wenn man nur irgendwelche interessanten Dinge zeichnen müßte, um eine gute Zeichnung zu gestalten, wäre das Zeichnen wirklich ganz einfach. Es ist aber wichtig, daß der Künstler etwas über sein Motiv aussagen möchte. Dieser Ausdruckswunsch macht aus einem einfachen schmucklosen Gegenstand eine inspirierte Zeichnung. Trotzdem beschäftigen sich Stillebenzeichnungen von einzelnen Gegenständen oft mit mechanischen Motiven, einer Maschine oder einem Werkzeug zum Beispiel. Auch ganz gewöhnliche Dinge, wie eine Uhr oder ein Stuhl, können, aus dem richtigen Blickwinkel betrachtet, interessante Motive abgeben. Viele Studenten sehen die Möglichkeiten eines Gegenstandes erst beim Zeichnen. Sie assoziieren ihr Motiv zu sehr mit der Alltagswelt. Aber selbst die gewöhnlichsten Dinge unseres täglichen Lebens, wie ein Elektrokabel oder eine Schere, können faszinierende Zeichnungen ergeben.

Aus den prosaischsten Dingen können dramatische Ansichten entwickelt werden, hier aus einer einfachen Tasse mit Untertasse. Das auffällige Muster wurde nur angedeutet, nicht genau kopiert. Der Künstler wurde eher von der Wiederholung der Formen angezogen – die dunklen Kreise in Tasse und Untertasse nehmen den halbmondförmigen Schatten auf dem Tisch auf. Dieses schnell und direkt in Kohle ausgeführte Bild handelt genauso von miteinander verknüpften abstrakten Formen wie von dem vorgeblichen Motiv.

Die Wahl des Zeichenmittels wird oft von dem ausgesuchten Motiv bestimmt. Hier gibt Holzkohle, die scharfe Linien wie auch starke Tonwertkontraste geben kann, sehr schön die metallische Härte des Schraubstocks wieder. Der Blickwinkel verzerrt die Konturen des Schraubstocks. Mehr als die mechanische Konstruktion des Gegenstandes wurden diese Formverschiebungen studiert. Der Umrißzeichnung wurden noch dunkle Tonwerte zugefügt, um die Form genauer zu beschreiben. Etwas Schattierung wurde frei angelegt. Die Lichter wurden geschickt als weiße Stellen im Papier stehen gelassen.

Die kunstvolle Beleuchtung dieser Schnürstiefel zieht das Auge an und gibt ihnen eine Spur von Dramatik. Auch ihre Stellung in Augenhöhe ergibt einen engen Kontakt mit dem Betrachter. Ein Stiefel liegt auf der Seite und zeigt dadurch eine ungewöhnliche Form, die noch durch Lichtkegel herausgehoben wird.
Der Ausschnitt zeigt die Feinheit der modulierten Farben und der sorgfältig abgestuften Töne. Farbstifte und Kreiden wurden über eine Vorzeichnung in aufgeriebenem Pastell gezeichnet.

Zufälliges und Gefundenes

Die besten Stilleben entstehen häufiger aus vorgefundenen Dingen als aus zusammengestellten. Einige achtlos in die Ecke geworfene Kinderspielzeuge, der Küchentisch, nachdem das Essen vorbereitet ist Messer und Teller liegen noch wahllos herum – das sind Situationen, die ungewöhnliche Motive abgeben. Der Nachteil solcher vorgefundener Situationen ist jedoch, daß dieser Zustand nie sehr lange anhält. Die Zeichnung des Stillebens muß schnell angefertigt werden, bevor die Spielsachen wieder aufgeräumt und das Essen vorbei ist.

Es gibt draußen wie drinnen ausgezeichnete Stillebenmotive. Die Ecke eines Gewächshauses mit Gartengeräten und Blumentöpfen, Abfall auf einer Müllhalde oder Ackergeräte auf einem Bauernhof können sehr gut als Motive dienen. Aber auch hier gilt wieder, daß ein wirklich interessantes Motiv nur für eine schnelle Skizze bereitsteht, zum Beispiel bis die Liegestühle auf einer Promenade wieder belegt oder weggeräumt sind. Bei anderen Gelegenheiten sehen Sie vielleicht ein Motiv, das Sie an einer anderen, bequemeren Stelle wieder aufbauen können. Das Hauptmerkmal vorgefundener Motive ist ihre lockere, nicht gezwungene Ordnung und leider der Zwang, es schnell festzuhalten. Daraus ergeben sich meist sehr spontane Zeichnungen.

Dieses vorgefundene „Morgenstilleben", ein Bett nach dem Aufstehen mit einer Menge von Streifen, Falten und Mustern, wurde vom Künstler sehr wirkungsvoll wiedergegeben. Die weichen Streifen der Falten in den weißen Hosen und Bettlaken kontrastieren mit dem streng blauweiß gestreiften Hemdsärmel. Eine andere Struktur bringt die Heizung im Hintergrund mit ihren glatten, vertikalen Streifen. Die Zeichnung in farbiger Kreide besteht vor allem aus sorgfältig schattierten Flächen.

Im Ausschnitt können Sie sehen, wie die Teilflächen voneinander abgegrenzt wurden.

Geschwindigkeit bestimmte diese starke, ausdrucksvolle Zeichnung einer Tischlampe und anderer Dinge auf einem Küchentisch. Der Künstler hat mit Pinsel und schwarzer Tusche die Absetzung dunkler Flächen der Gegenstände gegen die heller schimmernde Oberfläche des Tisches studiert. Die Tusche wurde unverdünnt verwendet, außer bei einigen hellen Schattierungen auf dem Teller im Hintergrund und der Tischplatte.

Gruppierungen

Die Auswahl der Motive für ein Stilleben ist unbegrenzt. Die Wahl kann genau überlegt sein oder rein zufällig ausfallen. Sie können verwandte Dinge kombinieren, wie zum Beispiel Tennisschläger, Bälle, ein Hemd und eine Sporttasche, Dinge, die zu einer bestimmten Sportart gehören. Sie können aber auch Dinge zusammenstellen, die nichts miteinander zu tun haben. Solche Dinge könnten wegen ihrer gleichen oder unterschiedlichen Größe anregen, wegen ihrer Formen oder ihrer Farben. Einige Künstler suchen sich Dinge mit symbolischen Bedeutungen heraus oder malen ein Stilleben, um technische Fingerfertigkeit zu üben. Manchmal ist es auch der surrealistische Effekt völlig verschiedener Dinge, die zum Stilleben anregen können.
Es ist ganz sicher immer möglich, auch dem gewöhnlichsten Gegenstand neue Seiten abzugewinnen. Für den Anfänger ist jedoch am besten, an einem vorgefundenen Motiv Material und Technik zu erproben. Bei einem solchen Stillebenmotiv könnte die Bearbeitung der Textur im Vordergrund stehen und die Beziehung zwischen den Gegenständen vernachläßigt werden. Eine Stillebengruppe kann zum Beispiel aus verschiedenen Dingen in Stein, Glas, Metall oder rauhem Stoff zusammengestellt werden, um daran die Wirkung verschiedener Texturen zu studieren.

Eine zufällige Gruppe von Dingen ergibt oft eine auffallende Komposition, allein aufgrund der unterschiedlichen Proportionen und der gebogenen und geraden Linien. Der Künstler hat hier vor allem mit Holzkohle und Contékreide eine Umrißzeichnung gemacht und etwas schattiert. Die starke Linienführung und die dunklen Flächen machen den Reiz dieser Zeichnung aus.
Die freie Behandlung der zeichnerischen Mittel wird im Ausschnitt noch deutlicher. Durch den auf die Stifte ausgeübten starken Druck sehen die Linien derb und kräftig aus. In den Schattenpartien sieht man ausgiebige Korrekturen und Verwischungen.

Die Komposition dieser verschiedenen Dinge wurde vom Künstler in ein zweidimensionales Muster verwandelt, noch verstärkt durch die florale Rahmung des Motivs. Um diese Wirkung zu erzielen, mußte der Künstler jede perspektivische Anlage vernachlässigen. So erscheint zum Beispiel der Teller unter der Teekanne in Aufsicht. Auch der Tisch wurde nicht nach hinten verkürzt dargestellt. Jeder Gegenstand wurde für sich genommen mit Tusche und Feder einzig auf seine dekorativen Eigenschaften hin untersucht. Daraus ergaben sich schöne Ornamente, die von der Umrahmung und auch von den Schattenzonen jeder der vier Untergruppen zusammengehalten werden.

Einfache Schraffuren, Kreuzschraffuren und Schattierungen beschreiben die vom Künstler auf den Früchten beobachteten Muster und verbinden die Früchte auf wirkungsvolle Weise. Rundschraffuren betonen die Rundung der Formen, ohne sie ganz dreidimensional wiederzugeben. Hauptthema des Stillebens ist das Zusammenspiel der Muster auf den Gegenständen mit den Schatten unter ihnen. Das erschien dem Künstler wichtiger als die plastische Ausformung der Früchte.

Eine solch gerade Linie von Gegenständen ist im allgemeinen für ein Stilleben weniger angebracht, da so nur schwer Raum und Tiefe suggeriert werden kann. Der Erfolg liegt hier in der Verschiedenheit der Dinge selbst und den geschickt angeordneten kleinen Dingen zwischen den großen. Dadurch entstehen interessante negative Formen. Für diese Zeichnung wurde eine Mischung aus Punktiertechnik und Rundschraffur verwendet.

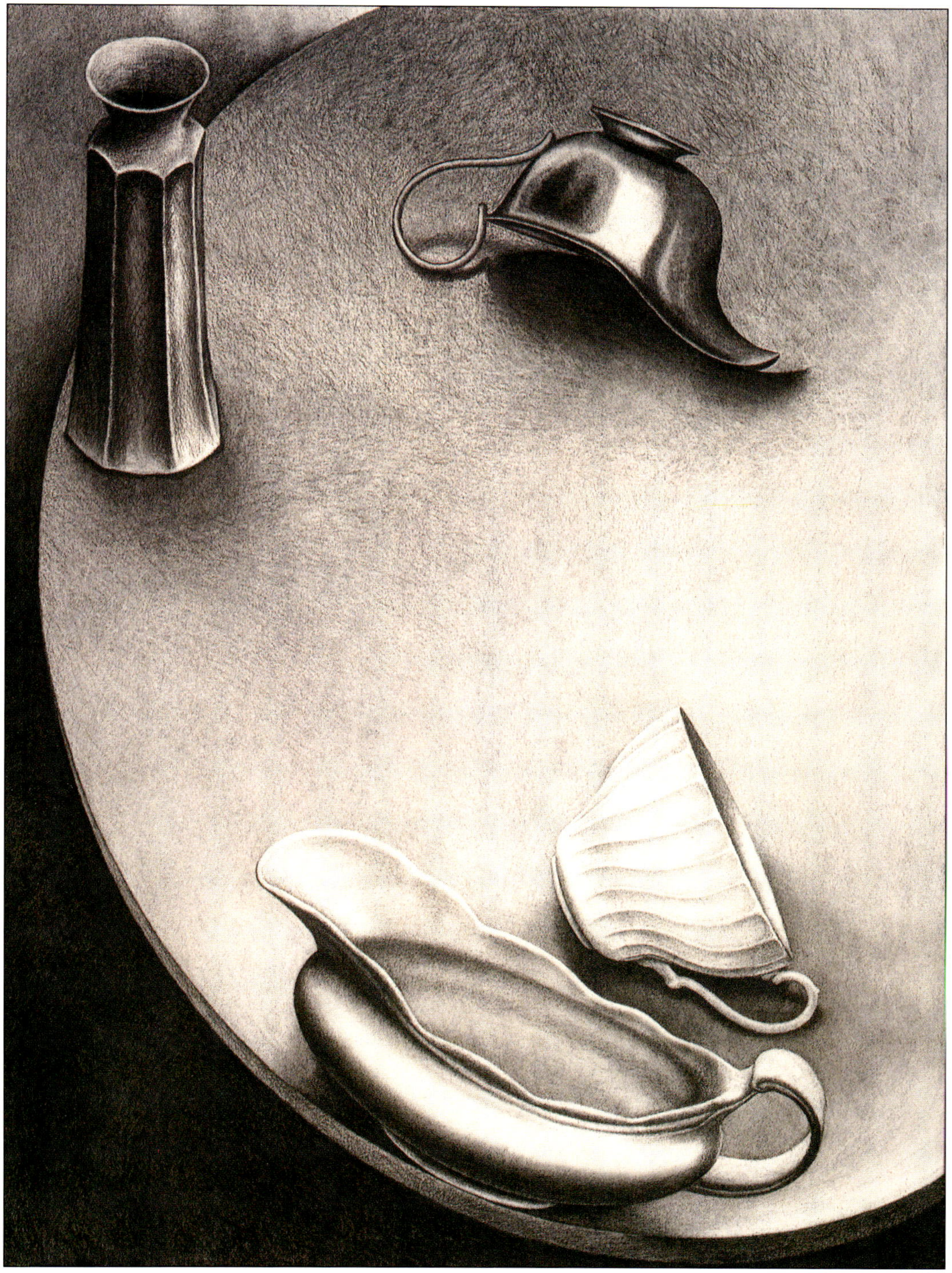

Die ungewöhnliche Plazierung eines Gegenstands ist im Stilleben ein häufiges Darstellungsmittel. Man würde erwarten, daß die Saucenschüssel aufrecht steht, stattdessen liegt sie auf der Seite. Eine solche Manipulation kann ein unangenehmes Gefühl auslösen. Es hat den Anschein, als ob eine fremde Kraft die Komposition durcheinander gewürfelt hätte. Dieses Gefühl wird hier noch durch die photorealistische Technik betont. Die Tasse und die Sauciere sind in den Tonwerten sorgfältig abgestuft. Die glatten Oberflächen, die Riffelung der Tasse und die feine Form der Sauciere werden dadurch sehr schön gekennzeichnet. Es gibt hier keine Umrisse, nur einen langsamen Übergang von Hell nach Dunkel. Damit hat der Künstler eine sehr realistische Darstellung der Gegenstände geschaffen.

Nach Fertigstellung dieser Komposition in Schabtechnik wurde fast der ganze schwarze Überzug entfernt. Das ergab eine lichterfüllte, vibrierende Zeichnung. Mit breiten Strichen wurden die sich überschneidenden Dinge wiedergegeben, sie scheinen sich vor dem Hintergrund aus Kreuzschraffuren gegenseitig um einen Platz zu drängen. Flecken in schwarzer Farbe wurden stehengelassen, um das Muster der Komposition zu strukturieren, aber auch um Schatten und Rundung anzugeben. Die kühnen, frei gesetzten Striche machen diese Zeichnung zu einem lebendigen und dekorativen Werk.

In einer Schale liegende Tannenzapfen sind ein herausforderndes Motiv in komplizierten Formen und Mustern. Der Künstler hat in dieser sorgfältig aufgebauten Bleistiftzeichnung geschickt die feinen Variationen von Licht und Schatten beachtet. Verschiedene Schraffurtechniken liefern dekorative Muster für die vorne liegenden Tannenzapfen. Beachten Sie, wie der helle Ton der Schale durch die durchscheinenden weißen Stellen des Papiers dargestellt wurde.

Hintergrundgestaltung

Manchmal findet man ein Stillebenmotiv per Zufall. Einige Dinge liegen herum und ergeben eine wunderbare Komposition im Bild. In solchen Fällen ist der Hintergrund schon vorhanden und es gibt daher keinen Grund, das Motiv mit einem Stoff oder irgendeinem anderen Mittel von der Umgebung abzutrennen. Wenn man jedoch ein Stilleben in einer Malklasse oder im Atelier zusammenstellt, muß man einen Hintergrund schaffen. In der Regel wird man angehalten, hinter das Stilleben ein Flachbrett aufzustellen, das eine neutrale Wand oder drapierten Stoff vortäuschen soll. Drapierte Stoffe in einem Stilleben sind schon zu einem Klischee geworden, ergeben aber nichtsdestoweniger interessante Effekte. Wenn der Stoff in Falten gelegt ist, können diese Falten auch als Zeichenhilfe dienen.

Meistens ist der Hintergrund in einem Stilleben jedoch von geringerer Bedeutung und kann ruhig vernachläßigt werden. Es kommt darauf an, wie groß die Gegenstände des Stillebens im Vergleich zum Bild und zum eingenommenen Blickwinkel sind. Wenn der Künstler an der Staffelei steht und einen erhöhten Blickwinkel auf das Stilleben hat, wird der Hintergrund zu einer Fläche, vor der die Gegenstände stehen oder liegen. Selbst wenn die Gegenstände sehr sorgfältig gestellt und ausbalanciert werden, ist es meist unnötig, einen besonderen Hintergrund anzulegen. Eine zeichnerische Andeutung der Umgebung reicht meistens für die Darstellung einer Stillebengruppe aus.

Obwohl dies nur ein Ausschnitt aus dem Original, einer Kohlezeichnung, ist, zeigt er, wie sehr das Stilleben auch ohne Hintergrund gelungen ist. Der Blickwinkel ist erhöht. Der gestreifte Stoff hinter dem Teller mit den Äpfeln dehnt sich weit über das Bildfeld und wird vom Bildrand überschnitten. Die Zeichnung konzentriert sich auf das Muster der Komposition, auf die Unterschiede der Stoffmuster und des Motivs auf dem bemalten Teller. Die Zeichnung beschäftigt sich zwar mehr mit den zweidimensionalen Mustern der Komposition, doch wurden die Äpfel und Weintrauben zusätzlich mit Lichthöhungen versehen, um ihre Plastizität zu unterstreichen.

Dieses einfache Pastell (rechts) zeigt eine gewisse Dramatik trotz eines neutralen, flachen Hintergrundes. Die Wirkung der Zeichnung beruht ganz auf der Darstellung der drei Äpfel. Zusammen mit den weißen Gouache-Lichtern bewirken die Ausmischungen zwischen Rot und Grün einen starken plastischen Effekt. Die Schatten und Reflexe der Äpfel helfen bei der Stellung im Bildraum.

Einem solch gewöhnlichen Motiv – einer Weinflasche und ein paar Früchten auf einem zerknüllten Tischtuch – wurde durch die Wahl des Hintergrundes eine ganz ungewöhnliche Spannung gegeben. Der Raumeindruck in der Zeichnung wurde vor allem durch den Größenunterschied zwischen den Dingen des Stillebens und den Häusern im Hintergrund geschaffen. Pinsel und Aquarellfarben wurden für farbige Linien eingesetzt, die wie Pastell oder Kreide wirken. Nach der Sicherstellung der Grundkomposition wurden verschiedene Farbschichten in Schraffuren übereinandergelegt. Die Stillebengruppe wurde in schwarzen Umrißlinien gesetzt. Die Lichthöhungen auf der reflektierenden Flasche und den Früchten betonen die plastische Form dieser Dinge.

Stilleben mit Tusche und Feder

Die Arbeit am Stilleben beginnt meistens mit der Auswahl und Zusammenstellung der Dinge. Der Künstler muß die Lichtverhältnisse, die Farbe, die Form, den Rhythmus und die Textur berücksichtigen, ganz abgesehen von den anderen Faktoren, die ein Stilleben beeinflußen können. Für dieses Beispiel wurden die Einzelelemente im Hinblick auf Kontraste in Tonwert und Textur ausgesucht. Sehen Sie, wie sich in der fertigen Zeichnung helle und dunkle Flächen spannungsreich gegenüberstehen. Mit einem Bleistift wurden die Umrißlinien fixiert und dann mit Feder und Tusche weiterentwickelt. Die Formgebung erfolgte dann mit Schraffurtechniken und einer Spritztechnik.

1. Nach der Erprobung verschiedener Blickwinkel beginnt die Künstlerin mit einer Vorzeichnung in Bleistift. Mit ganz leichtem Druck werden die Grundformen und die richtigen Proportionen skizziert.

2. Die lockere Vorzeichnung wird nun fast ganz ausradiert. Nur ganz leichte Spuren bleiben übrig und dienen als Leitlinien. Der Radiergummi muß ganz leicht gerieben werden, damit das Papier nicht beschädigt wird.

3. Über diese feinen Leitlinien wird nun mit Tusche und Feder gezeichnet. In dieser Phase konzentriert sich die Künstlerin auf die Umrisse und schafft eine sensible Vielfalt von Zeichen. Feste, schwere Linien wechseln mit leichten, gebrochenen ab.

4. Die Dichte der Federstriche wird zu schwarzen Flächen ausgearbeitet.

5. Nun werden noch frei gezogene schraffierte Linien eingefügt, um nicht nur die Form, sondern auch die Schatten im Hintergrund anzudeuten.

6. Eine rechteckige Form wird in eine Zeitungsseite geschnitten und über die Zeichnung gelegt. Sie deckt alles außer der Vase ab. Nun wird mittels einer alten Zahnbürste Tusche über die Schablone gespritzt. Die fertige Zeichnung (rechts) zeigt, wie die aufgespritzte Textur in der Komposition aufgeht.

Tiere

Die ältesten erhaltenen Zeichnungen der Menschheit sind Tierzeichnungen. Die vor 15000 Jahren gemachten Felszeichnungen zeigen mehr als nur rein visuelle Darstellungen. Sie mögen auch eine Art Beschwörungszauber für die Jäger gewesen sein. Darüber hinaus sind es ganz erstaunliche Zeichnungen, die dazu noch aus dem Gedächtnis gemacht wurden. Sie geben nicht nur einen Eindruck von dem Aussehen der Tiere wieder, sondern vermitteln auch ihre kraftvolle Bewegung.

In der Geschichte der Zeichnung und Malerei tauchen Tierdarstellungen immer wieder auf. Oft dienen sie nur zur Ausschmückung eines anderen Themas, wie zum Beispiel der kleine Hund in Jan van Eycks „Die Hochzeit der Arnolfini", 1434 gemalt, oder in Velasquez' Gemälde „Las Meninas", 200 Jahre später gemalt. Diese beiden Hunde befinden sich jeweils im Vordergrund der Bilder, näher zum Betrachter als die dargestellten Figuren. Trotz ihrer geringen Größe spielen sie doch eine wichtige Rolle in der Komposition des Bildes und sind außerdem wunderbar genau gemalt.

Um 1775 malte Reynolds (1723-92) das Porträt „Miss Bowles und ihr Hund", in dem der von dem Mädchen gehätschelte Hund beinahe so wichtig ist wie sie. Sein Kopf wendet sich genau dem Betrachter zu.

Es gibt zahlreiche berühmte Tierzeichnungen von Künstlern wie zum Beispiel Dürer, Pisanello (1395-1455/6) und Rembrandt (1606-69). In unserem Jahrhundert geben die Stiere und Tauben von Picasso (1881-1973) und die Pferderennen von Dufy (1877-1953) Beispiele nicht nur für Tierdarstellungen im Bild, sondern für Bilder, in denen das Tier ausschließliches Thema ist.

Stubbs und die Anatomie

Das Ansehen von George Stubbs (1742-1806) gründet sich vor allem auf seine Tierdarstellungen. Meistens wird er als Pferdemaler eingeordnet. Er studierte aber die Anatomie vieler anderer Tiere mit der gleichen Liebe zum Detail. Stubbs schuf zwar die schönsten Tierzeichnungen in der Geschichte der Kunst, doch selbst ein solcher Fachmann hatte noch Probleme in der Umsetzung von Bewegungsabläufen. Erst nach der Erfindung der Photographie des 19. Jahrhunderts verstand man die Bewegungsabläufe von Pferden vollkommen und konnte die Beine in der richtigen Stellung darstellen.

Daß Tiere sich kaum in Pose stellen lassen, wir sie aber trotzdem am liebsten in ihrer natürlichen Bewegung zeichnen wollen, macht die Sache noch schwieriger. Natürlich brauchen Sie nicht gleich Stubbs nachahmen und eine genaue Kenntnis der Tieranatomie erwerben wollen. Genaue Beobachtung der Formen und Grundstrukturen von Tieren reicht völlig aus. Photos aus Zeitschriften oder eigene Photos können dabei behilflich sein, wenn auch nur in geringem Maße. Solche Abbildungen können Ihnen helfen, die Beinstellung von Tieren richtig darzustellen, aber Vorsicht: Photos unterdrücken die plastische Form der Tiere und zeigen nicht genügend Details. Es gibt keinen Ersatz für das Zeichnen vor der Natur.

Tiere in Bewegung

Tiere bewegen sich zwar die meiste Zeit, doch wiederholen sie auch bestimmte Bewegungen immer wieder. Kühe auf dem Feld kehren nach einer Kopfbewegung immer wieder in die gleiche Freßstellung wie vorher zurück. Auch Haustiere können während der Fütterung gezeichnet werden. Vögel oder auch wilde Tiere im Zoo zeigen immer wiederkehrende Bewegungen in ihren Käfigen, die der Künstler festhalten kann. Vorteilhaft ist es, an mehreren Zeichnungen gleichzeitig zu arbeiten, so daß Sie jeden Bewegungswechsel auf einer anderen Zeichnung studieren können.

Tiere zeichnen kann frustrierend sein. Doch mit wachsender Übung gewinnen Sie immer mehr Sicherheit und vor allem Schnelligkeit in der Skizzierung der wichtigen Dinge. Studien nach ausgestopften Vögeln und Tieren sind nur von geringem Wert. Die anatomische Struktur und Genauigkeit der Tierpose hängt allein von der Kenntnis des Tierpräparators ab. An solchen Tiermodellen könnten Sie höchstens die Musterung von Tierfellen oder das Gefieder von Vögeln studieren. Die ganze Zeichnung wird aber unvermeidlich steif und tot aussehen. Eine Zeichnung nach lebenden Tieren, was für Fehler sie auch haben mag, ist einfach lebendiger.

Das Problem des Hintergrundes

Einer der häufigsten Fehler in Tierzeichnungen betrifft die Unfähigkeit des Künstlers, über die Phase einer „Studie" hinauszukommen. Um dieses Problem zu lösen, muß man die Tiere in einer natürlichen Umgebung zeichnen. Diese muß

nur grob skizziert werden, wichtig ist aber, daß das Tiermotiv nicht isoliert vom Hintergrund steht. Wenn man nicht das natürliche Umfeld der Tiere gleich mitzeichnen kann, braucht man viel Übung, um die für das Tier typische Landschaft zu zeichnen und dann auch noch das Tiermotiv in sie einzubinden. Zu große Detailarbeit und Betonung der Umrißformen des Tieres kann eine Verbindung von Tiermotiv und Landschaftshintergrund erschweren. Die Umrisse des Tieres müssen weich gestaltet werden und mit dem Hintergrund verschmelzen. Die Behandlung des Hintergrundes sollte die Zeichnung des Tieres betonen und nicht davon ablenken.

Textur und Form

Die Textur des Fells oder der Federn gehört zu den Hauptthemen der Tierzeichnung. Diese Texturen müssen nicht nur das Schutzkleid des Tieres wiedergeben, sondern auch die darunterliegende Form des Tieres betonen. In der berühmten Zeichnung des Hasens von Dürer wird die genaue Zeichnung des Fells auch für den Lichteinfall und die Beschreibung des Kopfes verwendet, die langen Ohren, die Vorderpfoten und die unter den Körper gezogenen Hinterläufe werden gleichsam mitmodelliert. Das Licht im Auge kontrastiert in seiner glatten schimmernden Oberfläche mit der matten Textur des Fells. Der scharfe Kontrast zwischen weicher Textur und harten Einzelheiten gibt den Tierzeichnungen Leben und Vitalität. Texturen können durch verreiben von Kreiden oder Holzkohle erzeugt werden. Auch verwischte, fast ganz fehlende Umrisse können den Eindruck von weichem Fell oder Gefieder wiedergeben. Texturen können aber auch ganz direkt mit Feder und Tusche oder einer Lavierung gemacht werden. Auch in der Schabtechnik gibt es Beispiele schöner Tierzeichnungen.

Mit einer Kombination von Bleistift, Aquarell und Tusche wurden diese wunderschön strukturierten Zeichnungen geschaffen.

Studien

Im Laufe ihrer Geschichte verfolgte die Zeichnung sehr unterschiedliche Ziele. Jahrhundertelang wurden Zeichnungen zu Studienzwecken angefertigt und um die unmittelbare Umgebung wiederzugeben. Auch die Photographie bot keinen Ersatz für die Zeichnung. Auf dem Gebiet der medizinischen und wissenschaftlichen Illustration werden immer noch Künstlerzeichnungen der Photographie vorgezogen. Die Zeichnung kann viel genauer sein und mehr Informationen vermitteln als eine noch so gute Photographie.
Tierstudien werden von Zoologen zu bestimmten Forschungszwecken gemacht, so wie der Botaniker Pflanzen zeichnet und studiert. Die Studien können verschiedene Aspekte des Tieres erfassen, ihr Skelettaufbau oder ihre Muskelstruktur zum Beispiel. Jedes Tier einer bestimmten Rasse sieht anders aus – auch das kann ein Tierzeichner beobachten wollen, um die unterschiedlichen Merkmale in Porträtzeichnungen festzuhalten.

Die nahe Studie eines bestimmten Teils eines Tieres kann dem Künstler wichtige Informationen liefern. Mit einem weichen Bleistift wurden hier die genau beobachteten Einzelheiten eines Kaninchenkopfes festgehalten. Einzelhaare dienen als Konturlinien, um den Hebungen und Senkungen der Grundform nachzugehen. Das ist eine von vielen Studien des Kopfes aus verschiedenen Blickwinkeln. Eine Grundkenntnis der Tieranatomie ist für diese Art von Zeichnung angebracht.

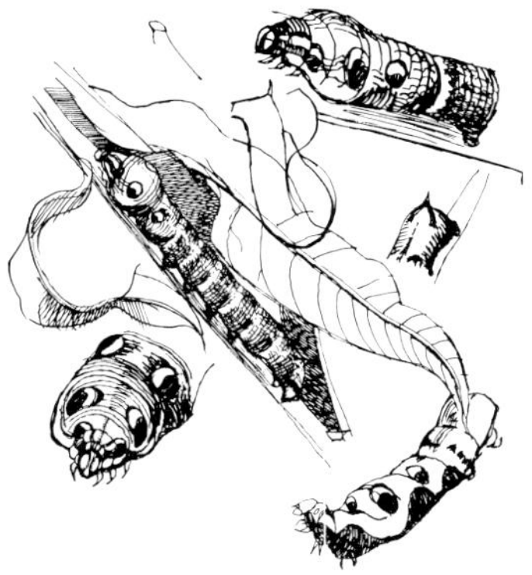

Tusche und Feder sind gewöhnlich für schnelle Studien geeignet. Auf diesem Skizzenblatt sind verschiedene Aspekte einer Schmetterlingsraupe skizziert. Das Tier wurde im Detail, wie auch in der Form und der Zeichnung studiert. Der Zeichner hat auch ihren Fundort wiedergegeben.

Diese Studie eines Jaguarkopfes zeigt die gekonnte Anwendung der Bleistiftschattierung. Ein Tier mit gemustertem Fell kann sehr schwer zu zeichnen sein, da die Form von dem Muster beherrscht werden kann. Der Künstler hat die dunklen Flekken genau studiert und ihre Tonwertveränderungen je nach Lichteinfall und Formlage festgehalten.

Die Flexibilität eines weichen Bleistifts kann für die einfache aber eindrucksvolle Zeichnung verwendet werden. Gemeint ist keine genaue anatomische Studie, sondern eher ein Porträt, eine Studie von Gesichtsausdruck und Charakter des Tieres. Durch den sorgfältig kontrollierten Strich wird im Umriß auch die Grundform des Tieres wiedergegeben.

Nicht alle Studien beschäftigen sich mit winzigen Einzelheiten oder komplizierten Strukturen. Diese ausdrucksstarke Kohlezeichnung eines Gorillas enthüllt mehr den individuellen Charakter des Tieres. Dicke gestische Linien und Wischer mit dem Radiergummi schufen die massive Form. Unsere Aufmerksamkeit wird durch die genaue Studie des Ausdrucks auf das Gesicht gelenkt, besonders auf den Blick seiner Augen.

Bleistift, Spuren von Goldfarbe und helle Lavierungen verdünnter Tusche wurden in dieser Studie eines Pferdekopfes verwendet. Mit genau kontrollierter Schattierung studierte der Künstler die plastischen Eigenschaften und glatten Texturen des Motivs.

Die unwahrscheinliche Vielfalt der Tonwertabstufungen, die mit dem Bleistift möglich sind, zeigt der Ausschnitt links. Unterschiedlich dichte Schraffuren und sorgfältige Kontrolle des auf den Bleistift ausgeübten Drucks ergeben zugleich feine helle und tiefe dunkle Töne.

Dürers berühmte Hasenstudie war das Vorbild für diese Silberstiftzeichnung. Der Hase wurde mit einem kleinen Silberlöffel auf vorbereitetes Papier gezeichnet! Einzelhaare des Fells dienten als Konturlinien, um der Form des Tieres nachzugehen.

Der Künstler studierte mit großer Sorgfalt die Muskelspannung des sich streckenden Tieres, bevor er ans Zeichnen ging. Die elementaren Zusammenhänge wurden mit hellen Aquarellavierungen in Verbindung mit einer Abdeckflüßigkeit festgehalten. Mit Feder und schwarzer Tusche legte der Künstler noch Schattierungen an, um die Form zu betonen und die Augen und Hörner einzufügen. In der Zeichnung kann man eine Mischung von Linienarbeit, Schraffur und Kreuzschraffur sehen.

In dieser Studie werden wir mit der Nahaufnahme eines Zebras konfrontiert. Das Tier drängt sich in die Ecken der Zeichnung und füllt unser gesamtes Blickfeld aus. Nur die starken, vertikalen Gitterstäbe trennen es noch von uns. Dichte Pinselschattierungen geben die Streifenmuster wieder und dienen auch als Konturlinien zur Modellierung der Form. Über die gesamte Zeichnung wurden dann helle Aquarellavierungen gelegt, um einen einheitlichen Farbton zu erzielen. Schließlich wurden mit Deckweiß einige Lichter eingetragen. Ein feiner Spritzregen aus Tusche wurde in der unteren Hälfte der Zeichnung verwendet.

Umfeld

Falls man sich nicht für eine Detailstudie entscheidet, sollte man auf jeden Fall die natürliche Umgebung des Tiermotives mitberücksichtigen. Dafür genügen oft einige wenige Striche oder Zeichen, um Hintergrund und Tiefe anzudeuten. Andrerseits kann es auch Thema der Zeichnung sein, das Tier in Verbindung mit seiner menschlichen oder natürlichen Umgebung zu zeichnen.
Bei Zeichnungen von wilden Tieren ist es manchmal vorteilhaft, Tier und Umgebung getrennt zu zeichnen und beides dann in einer Zeichnung zu verbinden. Das einzige Problem dabei kann sein, daß sie nicht zusammenpassen. Die Größe des Tieres paßt womöglich nicht zur Landschaft, oder Tier und Landschaft können aufeinandergelegt wirken. Viel Übung kann dieses Problem beseitigen. Beim Zeichnen des Tieres sollten Sie aber immer darauf achten, die relative Größe wichtiger Merkmale der Umgebung anzuzeigen. Tiere in Käfigen sind einfacher zu zeichnen. Man kann zuerst den Käfig zeichnen und dann das Tier einfügen, wenn man die Größe und Lage der Gitterstäbe zum Tier oder des Tiers zum Hintergrund berücksichtigt.
Tiere werden oft isoliert betrachtet und ihre Umgebung wird einfach ignoriert. Um aber realistische Zeichnungen von Tieren machen zu können, muß man sie in natürlichen Gruppen und in Beziehung zu einer typischen Umgebung oder Landschaft, einem Zoo oder einer Tierzucht, zeichnen.

Dieses Tier wurde im Zoo gezeichnet. Die auffallende Schönheit der Zebrastreifen kontrastiert stark mit dem grafischen Muster des Maschendrahtes. Die Streifen des Zebras wurden mit schwarzer Tusche gemalt. Mit Tuschspritzern, Schraffuren und Lavierungen wurde die Zeichnung weiterentwickelt.
Diese Stierkampfszene wurde hier mit einer gestischen Pinselzeichnung in schwarzer Tusche festgehalten. Eine dunkle, flächige Lavierung kennzeichnet den massigen Körper des Stiers. Im Kontrast dazu wurde die Figur des Matadors mit tanzenden Linien gestaltet.

Die Wiedergabe der Größe und des Charakters eines Tieres ist ein wichtiger Aspekt der Tierzeichnung. Der massige Körper und die darin steckende Kraft des Elefanten werden hier durch die mächtige Schranke betont, die zum Ausdruck bringt, das ein wildes Tier im Zoo in einem gefangenem Raum gehalten wird. Alle möglichen Bleistifte, Kreiden und Farbstifte wurden für diese Zeichnung verwendet. Die Schranke wurde zuerst mit Bleistift und Kreide auf einem Pauspapier gezeichnet. Dann wurde dieses Papier auf die Zeichnung mit dem Elefanten gelegt und festgeklebt. Das Pauspapier dient so als Schleier, der den Elefanten zurücktreten läßt, während die Schranke näher scheint.

Diese ergreifende Studie einer großen Raubkatze in einem viel zu kleinen Käfig wurde mit weichem Bleistift auf Papier gemacht. In der Zeichnung wurden die Käfigstäbe mit einem Klebeband abgedeckt bevor die dichten Töne des Hintergrundes aufgebaut wurden. Mit feinen Schattierungen wurden Form und Fellzeichnung des Leopards wiedergegeben. Der Lichteinfall im oberen Teil des Käfigs wurde mit einem Radiergummi herausgewischt.

Nach einer schwachen Vorzeichnung deckte der Künstler die Stellen mit Abdeckflüßigkeit ab, die weiß bleiben sollten. Dann besprühte er die ganze Zeichnung mit Tusche aus einer Sprühflasche, was helle, punktierte Tonwerte ergab. Wieder wurden Teile dieser Flächen abgedeckt und anschließend weitere Tonwerte aufgesprüht. Nachdem dann die dunkelsten Tonwerte erreicht waren, zeigt das Bild nach Ablösen der maskierten Flächen feine Abstufungen. Mit einer feiner Feder und Tusche wurden dann noch Details nachgetragen.

Für diese dekorative Illustration eines im Wasser ruhenden Frosches wurde Schabtechnik verwendet. Beachten Sie, wie der Künstler die im Wasser liegenden Teile des Frosches durch feine Veränderungen der Liniendichte wiedergegeben hat. Aus einiger Entfernung verschmelzen die weißen Linien zu einer feinen Tonwertskala in Grautönen. Die Ufervegetation und ihre Spiegelung im Wasser wurde mit feinen wie auch breiten Linien wiedergegeben.

Diese Abbildung zeigt eine Gruppe im Wasser stehender Flamingos. Mit großer Feinheit eingesetzte Ölpastellkreiden geben die feine Färbung ihres Gefieders wieder. Die Reflexe im Wasser balancieren die Komposition aus und ergänzen Muster und Farbe.

Bewegung

Bei Tieren ist es unmöglich, sie wie ein menschliches Modell posieren zu lassen. Sie müssen daher das schwierige Problem der Bewegung angehen, es sei denn, sie zeichnen ein schlafendes Tier. Bewegung läßt sich in ganz verschiedenen Weisen wiedergeben. Manchmal überläßt der Künstler den Eindruck von Bewegung einer bestimmten Darstellungstechnik. Das Motiv wird nicht festgelegt, sondern in aufgelösten Konturen oder vielleicht sogar in mehreren Konturen gezeigt, um Bewegung anzudeuten. Auch durch den Stil der Zeichnung kann Bewegung ausgedrückt werden. Lange, frei gezeichnete Linien und Gesten können sehr schnelle Bewegungen eines Tieres andeuten. Im Allgemeinen wird jedoch Bewegung durch eine ganz bestimmte Haltung des Tieres ausgedrückt. Diese typische Haltung müssen sie bei einem sich bewegenden Tier genau beobachten. Auf diese intensive Beobachtung kommt es an. Denn nachher müssen sie die Bewegung aus dem Gedächtnis wiedergeben. Sie müssen nun das Tier aus der Erinnerung so schnell wie möglich festhalten. Warten Sie, bis das Tier die bestimmte Stellung wieder einnimmt und fahren Sie dann mit der Zeichnung fort. Eine solche Zeichnung erfordert viel Geduld und große Konzentration. Man braucht dazu auch einen schnellen, skizzenhaften Zeichenstil. Dieser Stil ist nicht nur notwendig, um möglichst viel von der Bewegung mitteilen zu können, sondern auch, um durch die Geschwindigkeit der Zeichnung den Eindruck der Bewegung wiederzugeben.

Diese fünf Bewegungsstudien von Katzen zeigen zwei Vorgehensweisen. In den unteren Zeichnungen geben rhythmische Umrißlinien, die Natur des Raubtieres wieder, die anderen beschreiben die Anspannung einzelner Muskeln in der Bewegung.

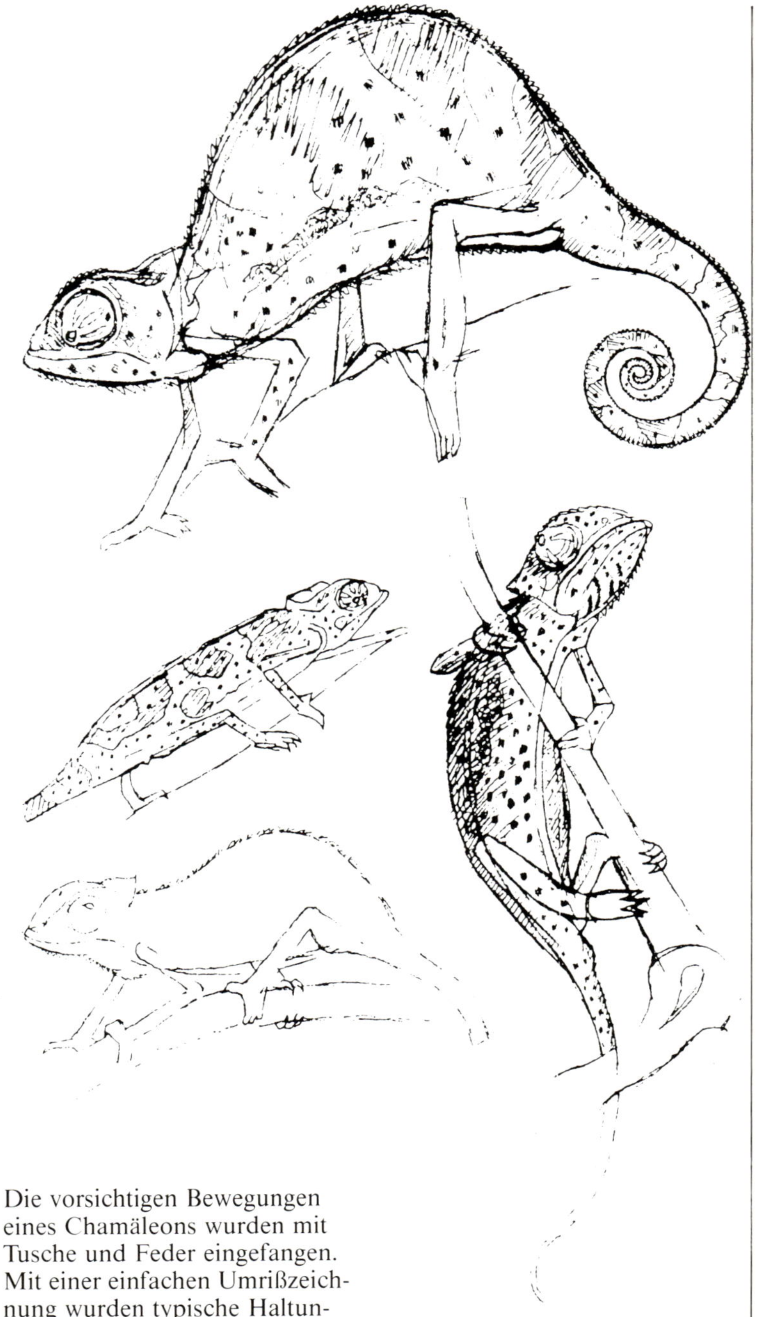

Die vorsichtigen Bewegungen eines Chamäleons wurden mit Tusche und Feder eingefangen. Mit einer einfachen Umrißzeichnung wurden typische Haltungen aufgezeigt. Der Künstler arbeitete dabei an mehreren Skizzen gleichzeitig. Einzelheiten wurden erst hinzugefügt, nachdem die charakteristischen Bewegungen festgelegt worden waren.

Eine ganz andere Vorgehensweise bei der Wiedergabe von Bewegung ist in dieser weit entwickelten Bleistiftzeichnung sichtbar. Der Künstler hat sich dabei nur auf einzelne Teile des Vogels konzentriert. Nur der uns am nächsten liegende Flügel ist ganz deutlich gezeichnet. Der Rest des Vogels bleibt unbestimmt und verbindet sich so mit dem Hintergrund. Mit dem Radiergummi wurden Lichter ausgewischt und ganze Teile miteinander verbunden. Dadurch entstanden geisterähnliche Formen.

Ein Jagdhund ist hier mitten im Lauf eingefangen. Obwohl die Bewegung eine Momentaufnahme ist, wirkt diese Zeichnung im Gegensatz zu manchen Photos nicht statisch. Der Eindruck von Bewegung wurde durch die gebrochenen Linien und die tanzenden Tonwerte wiedergegeben, die in einer wellenförmigen Bewegung über den Körper des Hundes laufen und das Auge geschickt von der Nase des Hundes zu seiner Schwanzspitze lenken. Schwanz und Pfoten sind leicht verwischt, als ob sie sich schnell bewegen.

Die nebenstehende Abbildung zeigt einen Schneeleoparden. Der Künstler hat das Tier mitten in einem Bewegungsabschnitt festgehalten und gibt damit den Eindruck von Bewegung gut wieder. Mit etwas Phantasie kann sich der Betrachter gut die vorher und nachher ablaufenden Bewegungen des Tieres vorstellen. Die abwechselnde Textur des Fells beschreibt die Formkonturen und gibt den Eindruck von Muskelspannungen wieder. An den Rand geschriebene Notizen geben Hinweise für spätere Arbeiten.

Der energiegeladene Sprung eines Lachses wird hier wirkungsvoll mit mehreren Schichten aufgesprühter Tusche wiedergegeben. Durch Abdecken bestimmter Teile der Komposition wird die Anwendung der Spritztechnik kontrolliert. Zuerst wurde Abdeckflüßigkeit auf die Stellen aufgetragen, die später als weiße Flächen stehen bleiben sollen. Dann wurde Tusche mit einer Sprühflasche in feinen Sprenkeln verteilt. Teile dieser Schicht wurden wiederum abgedeckt, bevor die nächste Schicht von Tuschespritzern aufgetragen wurde. Dieser Vorgang wurde so lange wiederholt, bis die überlagerten Schichten von Tuschpunkten den dichten dunklen Ton ergaben, der für die tiefsten Schatten erforderlich war. Erst dann wurden die abgedeckten Teile der Komposition freigelegt und zeigen nun insgesamt eine fein abgestufte Tonwertzeichnung. Letzte Feinheiten wurden mit Tusche und Feder nachgetragen.

Textur

Nicht alle Zeichnungen müssen sich auf die Texturen oder Stofflichkeiten ihrer Motive konzentrieren. Bei einer Tierzeichnung ist es jedoch fast unmöglich, die Textur des Fells oder das Gefieder eines Vogels zu vernachlässigen, da sie doch wichtige Bestandteile der ganzen Form sind. Texturen können sowohl die Gefühlswelt des Tieres darstellen helfen, wie auch die Grundform definieren.
Wenn man die Textur zeichnet, wie sie der Form folgt, gibt man dem Tiermotiv Plastizität und Volumen.
Texturen können auch den Eindruck von Tiefe im Bild wiedergeben. Selbst bei kleinen Tieren müssen Sie die Zeichnung des Fells verkleinern, je weiter sie im Bildraum liegen soll; ebenso entlang des Tierkörpers.
Das Zeichenmittel für die Darstellung solcher Texturen muß mit Bedacht ausgesucht werden. Einige Zeichenmittel haben an sich schon Eigenschaften, die stoffliche Darstellungen erleichtern. Kreiden auf einem grobkörnigen Papier ergeben zum Beispiel auf ganz natürliche Weise eine gebrochene, strukturierte Linie. Manchmal können solche fertigen Texturen für die Darstellung eines bestimmten Tieres besonders hilfreich sein. Wenn Sie Tiere zeichnen, sollten Sie nicht auf jedes einzelne Haar im Fell oder jede Feder achten. Vieles kann mit sehr wenig angedeutet werden. Achten Sie auf hervorstechende Merkmale oder Muster, die verwendet werden können, um die Grundform des Tieres zu kennzeichnen.

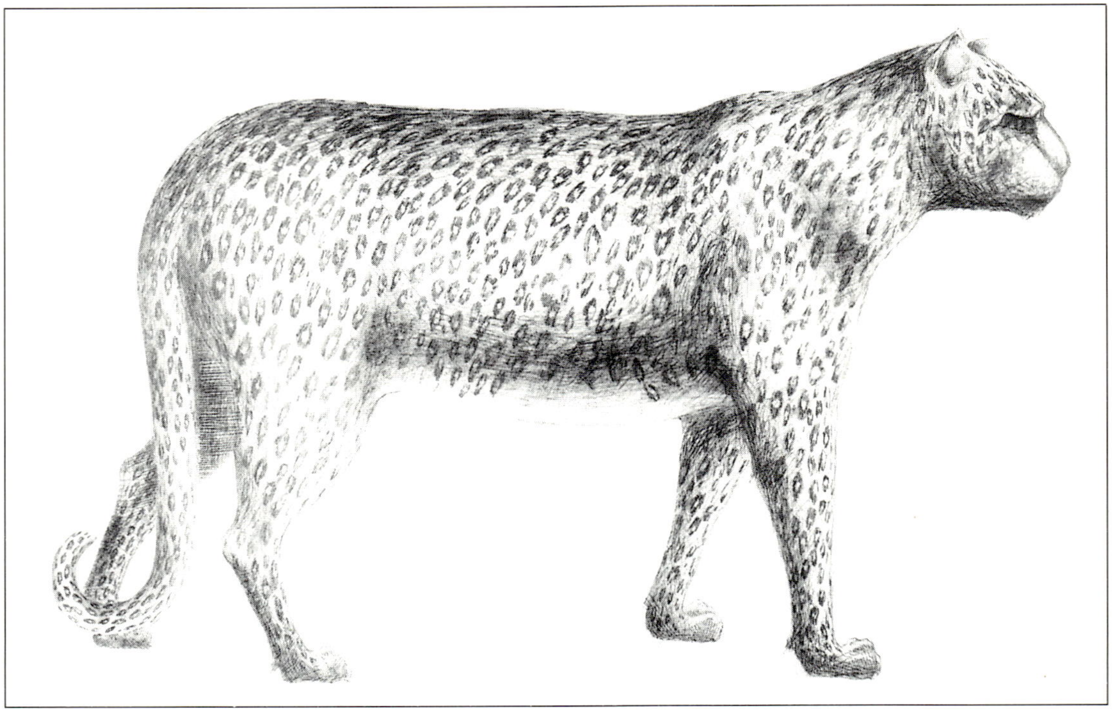

Die Form dieses schönen Leoparden wurde vereinfacht wiedergegeben, weil der Künstler sich auf die Textur des wundervollen Fells konzentrieren wollte. Unterbrochene schraffierte Linien geben die Flecken wieder. Feinere Schraffuren deuten Schattierung an. Die glatte Textur der Bleistiftzeichnung korrespondiert mit der Textur des kurzen samtweichen Fells des Leopards.

Die kurzen geraden Linien geben in dieser Zeichnung gut die starren Vogelfedern wieder. Mit einer unterschiedlichen Linienführung wird das Muster der Federn sehr ausdrucksstark nachgezeichnet. So wurde daraus eine einfallsreiche Darstellung eines geierähnlichen Vogels als Gedichtillustration.

Durch Anräuchern des Papiers, eine Methode der Zufälligen Zeichnung, wurde dieser Zeichnung ein ungewöhnliches Hintergrundmuster gegeben. Dann wurde der Kopf des Adlers mit Bleistift einskizziert und mit Wachskreiden und der Wachstechnik weiterbearbeitet. Mit Abdeckflüßigkeit und Aquarelllavierungen wurde die Textur der Federn entwickelt. Die Hell-Dunkelpole wurden aufgebaut, Deckfarbe gab die Lichter, wie man auf den Federspitzen sieht, und mit Tusche wurden die dunkelsten Linien und Töne verstärkt.

Vögel

Vögel fordern bei der Wiedergabe ihrer Vielfalt von Formen und Farben die Geschicklichkeit des Künstlers heraus. Zum Glück gibt es genügend Orte, an denen man Vögel studieren kann. Viele Leute haben kleine Vögel in Käfigen. In den Zoos lassen sich die Formen verschieden großer, exotischer Vögel studieren. Natürlich können Sie auch Vögel in der freien Natur beobachten, wenn sie etwas Nahrung an einem dafür vorgesehenen Platz auslegen und die anfliegenden Vögel von einer versteckten Stelle aus zeichnen. Vögel gehören zu den beliebten Tiermotiven. Ihre Zeichnungen werden häufig in dekorative Motive umgewandelt. Textildesigner benutzen oft Vogelmotive, da ihre vielen verschiedenen Formen und Federzeichnungen jede Art dekorativer Umsetzung zulassen. Oft werden Zeichnungen von ausgestopften Vögeln gemacht. Dies kann durchaus sinnvoll sein, wenn man die Federzeichnungen oder Einzelheiten des Vogels in Ruhe studieren möchte. Nur durch das Studium eines lebenden Vogels in seiner natürlichen Umgebung kann man aber seinen wahren Charakter kennen- und darstellen lernen.

Vögel können sehr dekorative Motive sein, wie diese beiden Zeichnungen zeigen. Elster und Amsel sind sorgfältig mit feiner Linien- und Punktierarbeit in Feder und Tusche beschrieben worden. Laub, Blüten und Insekten um die Vögel herum verstärken den dekorativen Aspekt der Zeichnung, verdeutlichen aber auch ihre natürliche Umgebung. Beachten Sie, wie der Künstler die linearen Muster der Federn erforscht hat. Solche detaillierten Zeichnungen werden oft zuerst mit Bleistift vorgezeichnet, um die richtige Stellung und die Proportionen der Kompositionselemente festzulegen. Nach der Vorzeichnung wird mit Tusche nachgezeichnet und übrigbleibende Bleistiftstriche ausradiert.

Dieses Porträt eines Adlers, der seine Beute verschlingt, hat ganz sicher nichts Dekoratives an sich. Der Raubvogel wurde mit gestischen Strichen wiedergegeben, wobei auch dem Zufall ein großer Spielraum eingeräumt wurde. Schwarze und farbige Tuschen wurden mit Feder und Pinsel aufgetragen. Dann wurde Acrylfarbe auf das Papier gespritzt. So entstand ein starker Kontrast zwischen der genau gezeichneten Kralle des Vogels und der freien, expressiven Wiedergabe der Federn.

Verschiedene Mischtechniken weist dieser laufende scharlachrote Ibis auf. Die Pastellskizze des Vogels wurde fotokopiert, ausgeschnitten und auf ein neues Blatt Papier geklebt. Der Vogel wurde mit farbigen Filzstiften weiterbearbeitet. Zum Schluß wurde der Hintergrund mit Pastellkreiden und farbigen Stiften angedeutet.

Mit schwarzer Tusche und Feder wurden die dekorativen Texturen dieser Zeichnung (rechts) gezeichnet. Der in der Luft schwebende Adler ist weniger eine genaue ornithologische Studie als eine symbolische Erfindung, die den Schnitzereien nordamerikanischer Indianer an den Totempfählen nahesteht. Die Krallen ähneln der traditionellen Darstellung eines chinesischen Drachens.

Eine schwarze Tuschefläche (links) wurde an den Rändern sorgfältig gefiedert, um Federn anzudeuten und zu zeigen, daß diese Form einen Vogel darstellt. Das ist eine sehr ungewöhnliche Vorgehensweise. Der Künstler hat den riesigen Tuschefleck geschickt mit den scharfen Details des Vogelschnabels und der glänzenden Augen kontrastiert.

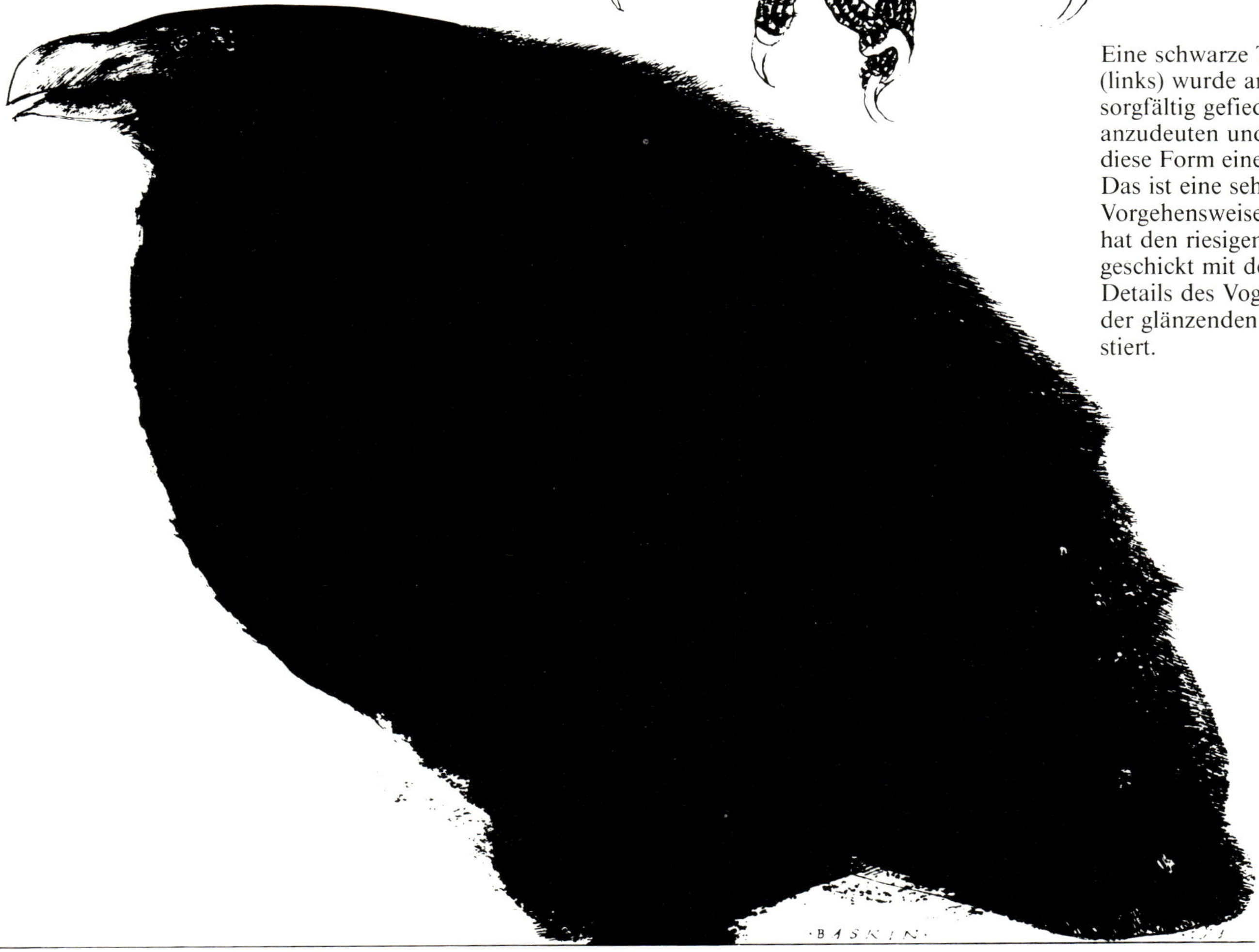

Vögel in ihrer natürlichen Umgebung zu skizzieren, erfordert eine schnelle visuelle Auffassungsgabe und eine schnelle Zeichentechnik. Diese Seemöwen wurden mit wenigen schnellen Strichen einer Feder gekennzeichnet. Auf Einzelheiten legte man weniger Gewicht, doch gelang es, die wesentlichen Formen und Bewegungen dieser Vögel festzuhalten. Der Künstler hat versucht, die lärmerfüllte, quirlige Atmosphäre wiederzugeben. In Lavierungen legte er die Tonwerte der Vögel und der Klippen an. Achten Sie darauf, solche Zeichnungen nicht zu sehr zu bearbeiten. Denn die Linien- und- Lavierungstechnik entspricht in ihrer Leichtigkeit der lebhaften skizzenhaften Eigenschaft.

In der Sonne hockende Spatzen und eine Taube sind fesselnde Motive für ein paar schnelle Skizzen. Einfache Schraffuren waren die besten Mittel, um die starken Schatten darzustellen. Die sensible Linie und die deutlich festgelegten Licht- und Schattenflächen betonen die plastische Formgebung und natürlicher Bewegung.

Jeder Künstler, der sich auf Naturstudien spezialisieren möchte, sollte immer ein Skizzenbuch zur Hand haben. Über die Jahre sammeln sich darin eine Menge von Informationen, die man an Tagen mangelnder Inspiration plündern kann. Außerdem ist ein Skizzenbuch ein guter Platz, um verschiedene Materialien und Techniken auszuprobieren. Auf einer Seite dieses Buches hat der Künstler einen Wattstelzvogel in drei unterschiedlichen Techniken skizziert: in Bleistift, in Bleistift und Aquarell, und noch einmal in Tusche und Aquarell.

Eine Vogelstudie

Einen lebenden Vogel zu zeichnen ist sicher spannend, aber es ergeben sich auch einige Probleme, wie Sie sich vorstellen können. Zunächst einmal hält ein Vogel nie still. Daher müssen Sie darauf gefaßt sein, schnell und manchmal sogar automatisch zu zeichnen. In diesem Beispiel sehen wir, wie die Künstlerin schnelle Skizzen aus der Beobachtung eines Vogels macht. Sie versucht nicht nur die Form des Vogels wiederzugeben, sondern auch sein Wesen. In der Skizzenserie gibt es eine natürliche Steigerung, da eine Zeichnung die nächste inspiriert. Die letzte Zeichnung zeigt eine virtuose Vorführung der Linien- und Lavierungstechnik. Die Künstlerin gibt in der letzten Zeichnung das Wesen des Vogels mit großer Sensibilität und Freiheit wieder, ein direktes Ergebnis der Vorstudien.

1

1.,2. und 3.
Mit Bleistift werden schnelle Skizzen eines Vogels gemacht, der im Käfig auf seiner Stange sitzt. Sobald die Künstlerin mit Form und Charakter ihres Motivs vertraut geworden ist, geht sie auf ein anderes Blatt über. Dort entwickelt sie die Komposition, die auf ihren ersten Skizzen gründet. Ein Graphitstift ergibt die dafür erforderlichen weichen, breiten Striche. Mit einem Radiergummi wird immer wieder verbessert. Mit grauen Aquarellavierungen werden Lichtwirkung wie auch die Körperform des Vogels eingetragen. Sehen Sie, wie der gegabelte Schwanz in dieser Technik schön herauskommt. Die Details werden sehr zurückgenommen, da sich die Zeichnung auf einen lockeren Stil voller Bewegung aufweisen will.

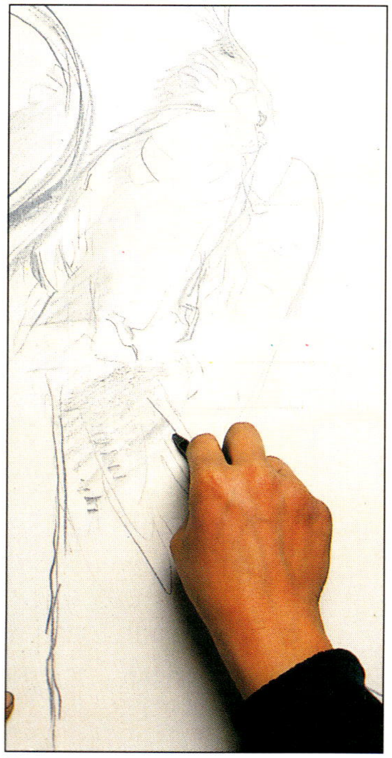

2

3

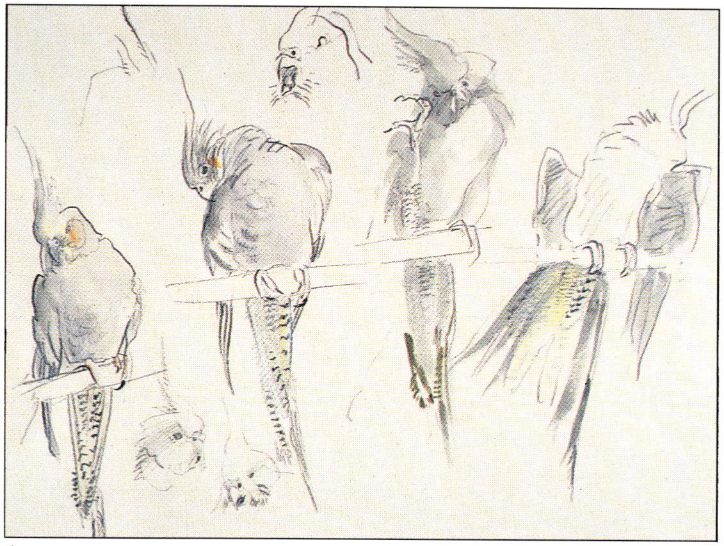
4

6

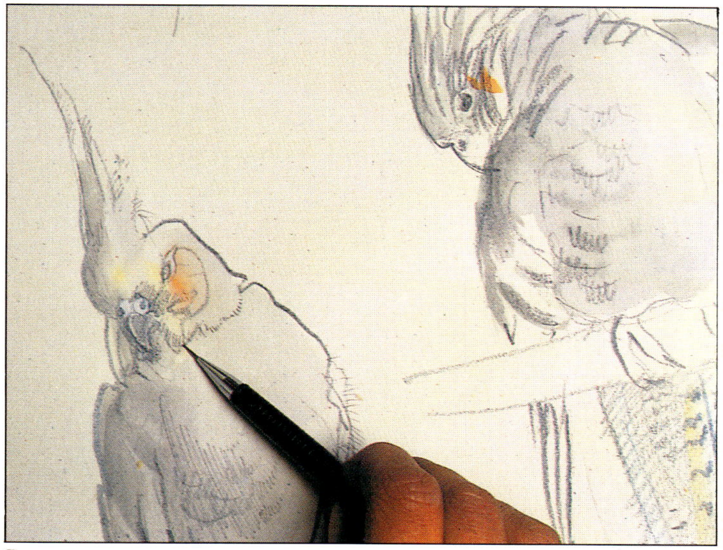
5

7

4. und 5. Beim Skizzieren von lebenden Tieren gibt es kaum genauere Zeichnungen wie diese. Die Beispiele zeigen die Suche nach den charakteristischen Haltungen und Bewegungen des Motivs. In Bild 4. konzentriert sie sich auf die wechselnde Haltung des Kopfes. Auch Notizen zur Farbgebung wurden auf diesem Blatt eingetragen. Kleine pointillistische Flecken und Lavierungen leuchten auf dem getönten Papier heraus. In Bild 5. sieht man wie ein Drehbleistift eingesetzt wird. Verschiedene Bleistifte ergeben eine Vielzahl von möglichen Zeichen.

6. und 7. Auf dem oberen Blatt wurden die Bewegungen des Vogels studiert. Links zeichnete die Künstlerin den Vogel von vorne. Leider änderte der Vogel seine Stellung. Dies erforderte eine neue Skizze vom Profil des Vogels. Bild 7. zeigt ein Zwischenstadium der Zeichnung, wo eine helle blau-graue Lavierung auf der Brust des Vogels angelegt wurde. Farbtupfen und etwas Chinaweiß wurden später zugefügt. An diesen Arbeitsblättern sehen Sie, wie unterschiedliche Skizzen eine Einheit bilden.

8., 9. und 10.
Nun suchte die Künstlerin nach anderen Bewegungen und Stellungen, die den Vogel charakterisieren. Auf einmal hüpfte der Vogel auf seine Freßschale und ließ seine Schwanzfedern auf den Boden hängen. Sofort wurde auf einem neuen Blatt weiter skizziert. Wichtig dabei war, alle Materialien schnell zur Hand zu haben, vor allem einen Vorrat an Papier. Für diese Skizzen eignen sich billige getönte Papiere. Der Ausschnitt zeigt die Beziehung zwischen Linie und Lavierung.

8

9

10

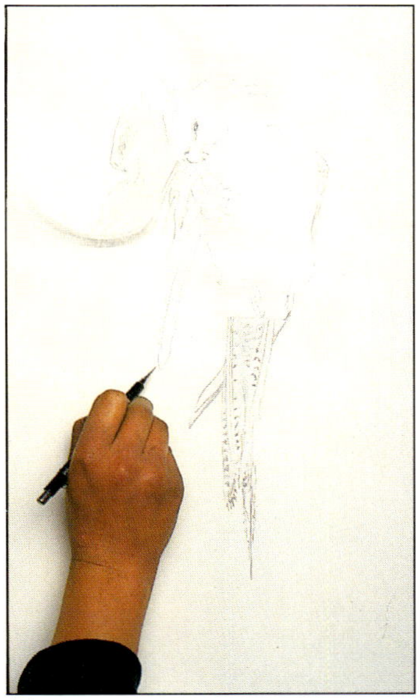

11

12

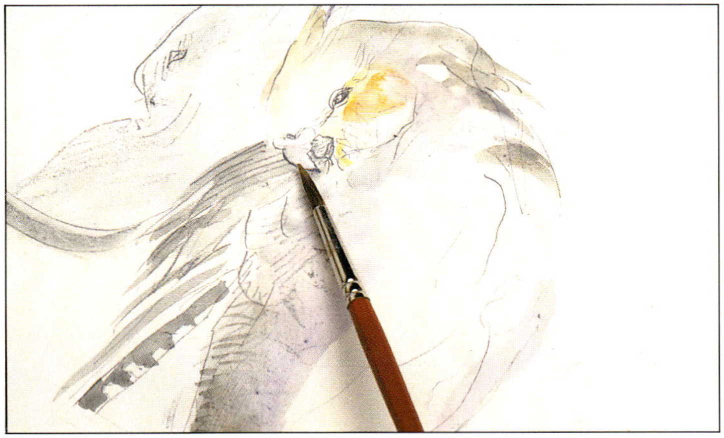

13

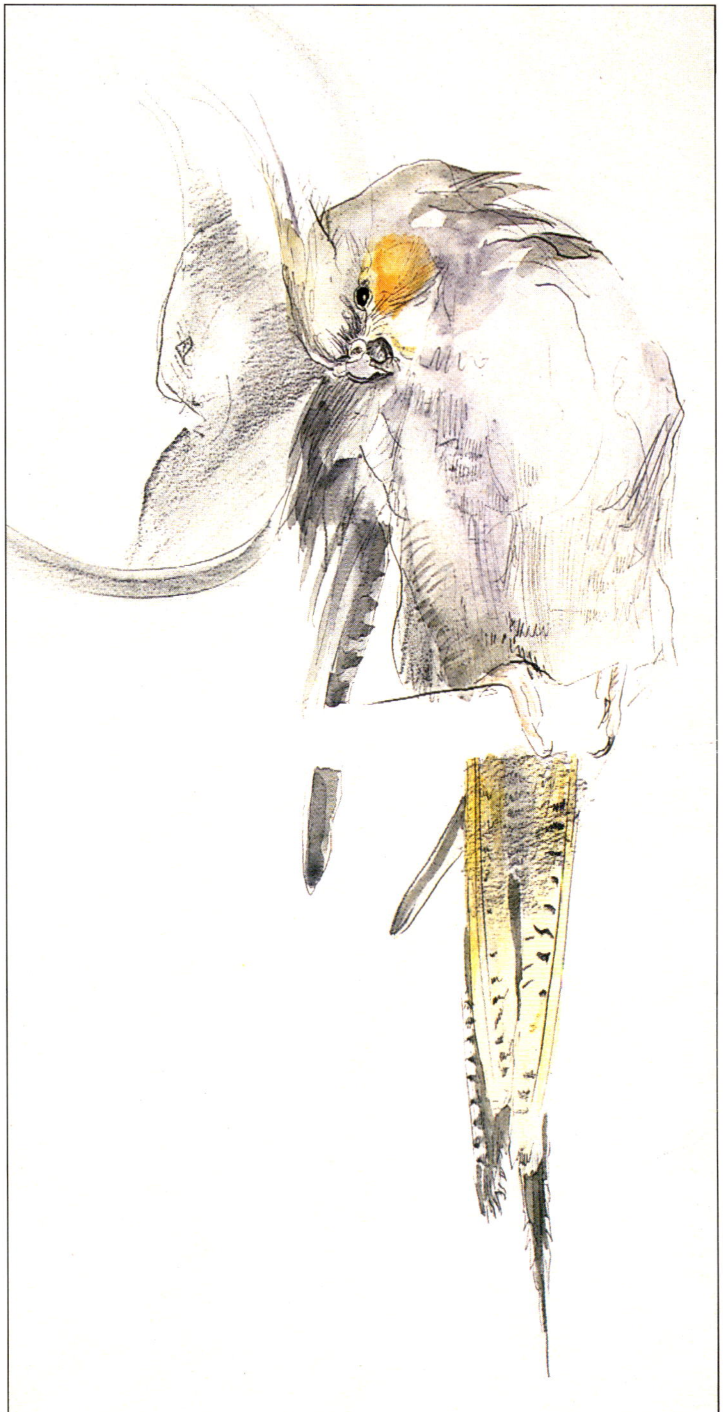

14

11., 12., 13. und 14.
Die Künstlerin hat sich mit der Form und den Bewegungen des Vogels vertraut gemacht, auch mit seinem Wesen und seinem Temperament. Sie beginnt eine neue Zeichnung. Nun gibt die Linienführung sowohl die Form wie auch die Bewegung wieder, und deutet ebenso die Federzeichnung an. Graphitstift und Aquarellavierungen legen Tonwerte und Farben an. Helle violett-graue und ockerfarbene Lavierungen werden übereinander gelegt, um die Färbung der Federn wiederzugeben. Die Physiognomie des Vogels wurde mit der Lavierung betont. Am Schluß wurde das Auge gezeichnet. Schwarze Aquarellfarbe wird vorsichtig aufgetragen, ein helles Licht, das vom weißen Papier durchscheint, soll einen Funken Leben andeuten.

Register

Bildnachweis

Adams, Sarah 146 links, 153
Alcantarilla, Susan 78, 79, 87
Allen, Trevor 86 oben, 90 oben
Ardizzone, Edward 109
Armfield, Diana 156 unten
Atkinson, Kim 182, 183 rechts, 184–187
Baskin, Leonard 176 unten, 181
Belfield, Claire 97, 155, 156 oben, 176 oben
Bill, Simon 8 unten, 15 unten, 16 rechts, 20, 21 links, 30 rechts, 39
Bowyer, Jason 164 rechts, 168 unten
Cameron, Shona 151, 180
Canaletto, reproduziert mit freundlicher Genehmigung von H. M. The Queen, 47 rechts
Carmichael, Ian 72 links
Chatto, D. 157
Clinch, Moira 52, 53 oben, 75, 122, 123, 136 oben, 174 unten
Coates, Tom 72 rechts, 95, 100, 101
Cowern, Margaret 69, 110 rechts, 138 unten
Cudworth, Nick 147
Daniels, Alfred 63, 121
Denvir, Catherine, mit Genehmigung von Penguin Books, 106, 112
Elsbury, Gill 32 rechts, 40 rechts, 83, 163 rechts, 174 unten
Emsley, Sue 124 unten, 127, 130, 131 unten
Farmer, Andrew 43 unten, 145
Fowler, Sue 164 links
Fraser, Donald Hamilton 108 unten
Garfi, S. 43 oben, 154
Gower, Neil 77
Graham, Neville 47 links unten
Grant, Keith 104, 125, 132 links, 139
Haggerty, Vana 40 links, 82, 86 unten, 152 unten, 162, 172 links, 178
Hemmingway, Andrew, mit Genehmigung von The Royal Academy, London, 137
Herman, Josef, mit Genehmigung der New Grafton Gallery, London, 102 unten
Hope, Julia 124 oben, 129 oben
Howard, Ken 66, 115 links
Horton, James 99, 107
Hutter, David 129 unten, 171 unten
Ives, C. 89, 90 unten
Jebbitt, Richard 161 links, 165, 166 rechts, 167, 168 oben, 169, 170 links, 173, 177
Johnson, Ben 73, 76
Kemball, Nicky 91
Manning, Mick 183 links
Nash, John, mit Genehmigung der New Grafton Gallery 85, 179
Norris-Wood, John 163, 172 rechts
Quarto 41
Ribbons, Jan 15 oben, 21 rechts, 23 rechts, 28 rechts, 31, 32 links, 34 rechts und links unten, 35, 37, 38 rechts, 45 rechts, 46 oben, 48 links, 51, 56, 68 unten, 70, 96 links, 105 unten, 108 oben, 111, 113, 114, 115 rechts, 134 oben
Sanders, Bill 171 oben
Sidaway, Ian 27, 38 links, 92, 93
Simpson, Ian 11, 16 links, 29, 33 unten, 49, 57, 59
Skeaping, John, mit Genehmigung von D. Fuller Ackermann, 174 oben
Spurrier, Raymond 64 unten, 67 oben, 68 oben, 71 oben, 74 oben, 89 rechts, 110 links, 126 oben, 136 unten
Studenten des Roehampton Institue, London, 84, 88, 103, 128, 131 oben, 132 rechts, 133, 135, 148–150
Swanswick, Betty 74 unten
Taylor, Anita 146 rechts
Vuillamy, Clara 118, 119, 158, 159
Wood, Lawrence 8 oben, 10, 18, 19, 22, 23 links, 25, 26, 28 links, 30 links und mitte, 33 oben, 34 oben links, 36, 42, 44, 45 links, 46 unten, 47 oben links, 48 rechts, 50, 53 unten, 54, 55, 81, 98 links, 116, 140, 142, 143, 152 oben, 166 links
Wood, Michael 170 rechts, 175
Woodcraft, Jean 96 rechts, 105 oben
Wright, Claire 67 unten
Wylie, Tim 102 oben
Yale, Brian 64 oben, 65, 126 unten, 134 unten, 138 oben

Mit der richtigen Maltechnik zum ausdrucksvollen Bild

Alle geläufigen Maltechniken und ihre kompositorische Umsetzung behandelt dieses Handbuch. Es richtet sich an jeden, der malen lernen oder seine Fähigkeiten verbessern möchte. Der Inhalt ist so anspruchsvoll, daß auch der Profi über weniger vertraute Verfahren kompetente Auskunft erhält.

In alphabetischer Folge sind neben den Standardtechniken auch ausgefallene Spezialmethoden beschrieben. Der Nachschlageteil zeigt u.a. wie mit trockenen Pinselstrichen gearbeitet wird, wie Aquarelle scharfe Konturen erhalten oder wie mit Sand eine große Textur erzielt wird.

Mit welcher Wirkung eine Technik bei einem bestimmten Thema gezielt eingesetzt werden kann, erläutert der zweite Abschnitt an den beliebtesten Motiven.

Elizabeth Tate
Ravensburger Handbuch der Maltechniken
Das Buch umfaßt zwei sich ergänzende Teile. Der erste beinhaltet ein Nachschlagewerk der Maltechniken; der zweite gibt Anleitungen zur Komposition der beliebtesten Malmotive.
ISBN 3-473-**48344**-3

Ravensburger Buchverlag Otto Maier GmbH

Ravensburger ®